JN410818

행복으로 가는 길

The way to happiness

행복으로 가는 길

초판 1쇄 인쇄 2013년 10월 10일
초판 1쇄 발행 2013년 10월 15일

지은이 조 돈
펴낸이 金泰奉
펴낸곳 한솜미디어
등 록 제5-213호

편 집 박창서, 김주영, 김수정
마케팅 김명준, 양은지
홍 보 김태일

주 소 (우143-200) 서울시 광진구 구의동 243-22
전 화 (02)454-0492(代)
팩 스 (02)454-0493
이메일 hansom@hansom.co.kr
홈페이지 www.hansom.co.kr

ISBN 978-89-5959-371-2 (03810)

*책값은 표지에 표시되어 있습니다.
*잘못 만들어진 책은 구입하신 서점에서 친절하게 바꿔드립니다.

행복으로 가는 길

조돈 지음

한솜미디어

ㅣ추천의 글ㅣ

깊이 숨어있는 삶의 소박한 이야기들을 감칠맛 나게 엮어 놓은 단행본 출판을 축하합니다.

추천의 글을 쓴다는 것이 조금 쑥스러우나 너무 진솔한 내용들과 정감들이 담겨져 감동스러워 다른 독자들과 기쁨을 함께하고 싶어 용기를 냈습니다.

어머니 품 같은 포근한 안산길을 오르내리며 산에도 정이 들고 다니는 사람들에게도 정이 들어 안산과 인연이 있는 일이라면 참여하고 싶었으며, 더구나 옥천 배드민턴 동호회원의 일원이 된 후배님이 날로 즐겁고 행복해하는 모습에 정이 들었습니다.

안산의 지킴이처럼 비가 오나 눈이 오나 그 시간 그 자리에서 사색하는 모습으로 진솔한 삶을 이야기하고, 인생의 황혼길에서 용기와 지혜를 담아 책으로 펴낸 후배님의 글에 찬사를 보냅니다.

건강은 세상에서 가장 값진 보석이기에 건강관리에 매진하는 열정의 모습에도 감사하며 반드시 영롱한 꽃이 피어나리라 확신하기에 널리 알리고자 이 글로 추천의 글을 가름합니다.

옥천 동호회 부회장
문순식(80세)

머리글

365일 하고 60일이 지나고 보니 얼굴에는 주름이 더 늘어나고 있으나 마음은 가벼워지고 박하사탕을 머금은 듯 환해지고 있다.

날마다 새로워지고 싶어지는 인간의 본능을 채워내려고 애쓴 흔적을 글로나마 남겨놓고 싶어서 몇 편의 수필과 산문을 엮어 보았으나 헐렁한 옷을 걸친 듯 무엇인가 빠져버린 부족한 것들 투성이라 부끄럽기 그지없다.

꽃을 피우기 위해 여린 잎 속에서 멍울이 맺히고 크고 작은 꽃봉오리로 피워 내기 위해서 바람도 눈비도 맞아가며 견디어 내듯 지난 한 해 동안 새 생명을 잉태하여 배속에 품어 안고 지내는 산모의 고통 끝에 이제 새 생명의 옥동자를 세상 밖으로 내보내는 기쁨 또한 감출 수 없다.

만절(晩節)을 함께 걸어가는 사람들과 노년을 준비하는 사람들이 읽고 함께 즐기고 웃으며 사는 데 도움이 되었으면 하고 바랄 뿐이다. 내가 사랑하는 사람들에게 더 많은 축복이 내려 행복한 삶이 더욱 짙어지기를 진심으로 기원한다.

조 돈

| 목 차 |

노년(老年) 단상(斷想)

PART 2 사랑하는 사람들

행복으로 가는 길

행복 제조공장 PART 4

PART 1

노년(老年) 단상(斷想)

• • •

해질녘의 멀리 보이는 하얀 호박꽃이 선명하지 못하여도
꽃잎에서 황금 호박이 매달리는 상상을 해보며
만절의 황혼길을 걸어가고 싶다

그대

바람이 불어도 비가 와도 그대는 항상 변함없이
그 자리에 그대로 서 있구려
오고 가는 많은 사람들을 만나고 보내면서
씩씩하고 듬직한 모습으로

몸이 쇠약하여 힘들어 쉬고 있는 사람에게는 부드러운 얼굴로
쉬어 가라고 품을 내어주며
너무 오래 쉬고 있는 게으른 사람에게는
어서 가라고 등을 떠밀며
성급하게 달리고 있는 사람에게는
천천히 움직이라고 충고도 해주면서

그러나 쉼 없이 줄기차게 참으며 용기를 내어 걸어가라고
당부하는 미덥고 중후한 당신의 모습이
아름답고 존경스럽습니다

아무리 서럽고 괴로운 삶에 젖어 있어도
조금씩 조금씩 나아가노라면

봉수대에 올라서서 기쁨과 행복을 온 몸에 안으며
멋진 하루를
행복하게 수놓을 수 있으리라 가르치는
당신께 진리를 배우고 있습니다.

— 안산 만남의 장소 화강암 바위 옆에서

가정의 달 오월

1년 중에 가장 으뜸의 달이 오월이라 하고 싶다. 이달에는 어린이 날(5월 5일), 어버이 날(5월 8일), 스승의 날(5월 15일), 부부의 날(5월 15일), 그리고 성년의 날, 입양의 날, 부처님 오신 날까지 겹겹이 기념일들이 들어서 있기 때문이다.

오월은 찬물로 세수한 스무 살 청년의 얼굴 같기도 하고, 여인의 하얀 손가락에 낀 비취반지처럼 영롱한 꿈을 꾸게 하는 달이기도 하다. 또 오월은 모란이 피고 앵두와 딸기가 영그는 달이며, 맑은 햇살에 찬란한 햇살을 타고 부드러운 바람이 내 얼굴을 다독거리며 달큼한 향기를 뿌려주는 계절이기도 하다.

무엇보다 신록이 우거지는 생동감 있는 계절이라 나는 오월의 하루가 지나고 갈 때마다 아쉽고 서운해서 마음이 애석하기만 하다. 마치 입안에서 아이스크림이 다 녹아내려 줄어드는 안타깝기만 한 달이기도 하다. 그래서 오랫동안 허리춤을 붙잡고 가지 말라고 애원하고 싶어진다.

수십 번씩이나 이런 멋진 오월을 만나고 헤어져 왔건만 만절(晩節)에 맞이하는 오월의 의미가 더욱 진하게 느껴지는 건 생에 대한 연민이나 애착 때문 아닌가.

따스한 봄볕 아래서 탱글탱글한 오렌지 알처럼 뛰어노는 손자를 보면서 한 번도 거짓말을 하지 않은 맑고 신선한 눈동자를 가진 천사의 얼굴을 보았으며, 세제로 빨아낸 하얀색 손수건 같기도 한 마음을 느끼며 그 기쁨을 어찌 말로 형언할 수 있으리오.

어린이들은 어른들에게 안겨준 행복의 선물이라 하겠다. 이래도 웃고 저래도 웃으며 나뭇잎이 바람에 날려도 웃는 '하하' 웃음 상표가 붙은 살아 숨 쉬는 귀하고 귀한 보석들이며 우리의 희망인 것이다.

어린이들이 모여 재잘거리는 소리는 마치 새벽녘에 집 앞뜰에 내려온 까치들의 지저귐 소리마냥 생기 넘치는 합창단의 노래처럼 들린다. 어린이 날을 다시 생각하게 된다.

96세의 노부부가 매달 20일에 찾아와 한적한 카페의 귀퉁이 의자에서 차를 마시는 광경을 보고 젊은 주인이 물었다.

"할아버지께서는 매달 20일에 꼭 오셔서 이 의자에서만 차를 드시는 이유가 있습니까?"

그 할아버지가 만면에 웃음을 머금으면서 대답했다.

"우리들이 처녀 총각 시절에 이 자리에서 꿈과 희망을 이야기하며 연애를 했답니다. 긴 세월을 내 곁에서 가장 가까이 있어 준 아내와 매달 결혼기념일인 20일에는 이 자리에서 추억을 회상하며 차를 마시는 행복을 누리고 있지요."

부부는 전생에서 천 년 전의 인연으로 맺어진 사이라 해서 세상에서 가장 함께 있고 싶어지는 사람, 좋은 사람이라고 말한 모양이다. 부부는 숨을 거두기 직전까지 옆에서 서로 지켜 주며 보살피는 친구이며 애인이고 보호자이기에 부부의 날을 기리는 의미를 다시 생각하게 된다.

아흔이 넘으신 할머니께서 노환으로 눈을 감으셨다. 중년의 어머니는 예상했던 이별이었음에도 담요 밖으로 나온 할머니의 맨발이 애처로웠는지 "추우시겠다" 하시며 담요를 끌어다 발을 덮어 주셨다. 그 모습을 지켜본 젊은 아들이 "엄마, 이젠 그럴 필요 없어요" 하고 말했다.

그러나 그 아들은 미처 깨닫지 못한 한 가지가 있었다.

부모를 떠나보낸 자식의 마음은 아무리 최선을 다해도 보답할 길이 없는 것이 부모에 대한 사랑이다. 어버이에 대한 감사의 마음을 이제부터 말로 표현해야 할 것이라 생각된다.

미국의 20대 대통령으로 당선된 제임스 가필드는 취임식을 거행하는 시간에 나오지 않아 군중들이 수군거리며 불쾌한 말들로 식장이 어수선해졌다. 한참 뒤에 대통령이 한 노인을 부축하여 연단으로 오르더니 고령인 어머니의 소원을 이루어 드리려고 모시고 오느라 늦었다며, 취임연설에서 "어머니의 소원은 나의 대통령 취임연설을 듣는 것"이라고 설명하며 많은 군중들에게 양해를 구했다는 일화가 있다.

구두 수선하는 아버지를 둔 링컨 대통령이며, 가방 수선공 아버지를 둔 싱가포르 이광요 수상은 아버지를 존경하고 공경했으며 부끄러워하지 않았다는 유명한 일화를 통해서 어버이에 대한 효행을 배워야 하겠다. 어버이 날의 의미이다.

힘찬 바리톤의 목소리로 부르는 '오 솔레미오!(오, 나의 태양)'라는 노래처럼 세상에 울려 퍼지는 약동하는 오월에, 잔잔한 관현악의 교향곡으로 감싸안은 평화로운 가정의 달 오월이여, 그대를 찬미하노라.

성공하는 사람에게는 성공하게 된 이유가 있다. 자식을 위해 언제나 곁에서 희생하며 사랑을 나누어 준 부모가 계셨고, 가족의 사랑이 있었다는 사실이다.

반대로 아버지의 주먹 때문에 매를 맞으며 다섯 번씩이나 바뀌는 계모 밑에서 사랑이라 걸 모르고 자란 청년 오스왈드가 미국 대통령 케네디를 암살한 흉악범이 되고 만 사실이다. 차디찬 바람이 이는 가정에서 성장했기 때문이라는 심리분석가의 글을 읽은바 있다.

나는 가정의 달을 가슴에 품어 안으며 내 가정의 꿈이며 희망이 되어 준 손자들에게 터보 엔진을 달아주는 할아버지가 되고 싶어지고, 평생 곁에서 함께할 아내에게 진한 감사의 마음을 쏟아보며, 훌륭하게 잘 자라 중견 간부로 생활하고 있는 아들과 세 딸의 부모가 됐다는 사실이 자랑스럽고 고마운 마음을 새삼 오월의 가정의 날에 가득 채우고 있으니 축복받은 인생이라 하고 싶다.

고슴도치 딜레마

늙어감에 따라 부양해야 할 가족들은 성년이 되어 모두 부모 곁을 떠나 살며 마침내 노인이 된 두 늙은이만 서로 마주보며 살아가게 된다.

노년의 초입기(65~74세)에 들어서면서부터 젊은 날에 평온하고 조용한 생활에 조금씩 파도가 일어나고 변화가 일어나고 있는 현상을 많이 본다. 어느 노부부의 독거 형태로 지내는 고통스러운 하소연을 상담한 바 있다. 너무 사소한 말로 입씨름 끝에 결국에는 서로 다른 방에서 잠을 자고 따로 식사를 하기까지 이른 사례다.

노년 초입기 이전에는 나타나지 않았으며 쉽게 이해하고 참고 지내왔던 사건들이 늦게 표출되는 현상은 바로 호르몬 현상의 변화라고 의학적으로 설명될 수도 있으나 오래 쌓인 열등의식이나 잠재적인 피해의식의 발로가 아닌가 생각된다. 이런 사람들의 내부를 좀 들여다보면 서로가 고통을 받고 마음의 상처를 입고 있다는 호소이다.

그러니까 자신의 행동이나 말이 당연하다고 정당화시키며 서로에게 더 큰 상처를 내고 말며, 급기야는 황혼의 별거 또는 이혼이라는 비극적인 종말까지 이르는 경우를 볼 수 있다. 고슴도치는 몸에 가시를 달고 있어서 서로 몸을 부비거나 맞대며 가까이 지내지 못하고 일정한 거리를 유지하며 살아간다고 한다. 아무리 추워도 가까이 다가갈수록 서로 가시에 찔려 상처를 입고 말기 때문이다.

우리가 주변에서 자주 볼 수 있는 선인장 역시 줄기가 커가며 그 가시로 적을 방어하고 생명을 유지하다가 세월이 흐른 뒤 줄기 끝에서 꽃을 피우고 그 꽃 속에 꽃술이 맺혀 종족을 보전해 가고 있듯이 인간관계에서도 가까이 다가서면 서로 찔리고 상처가 생겨 불편한 삶이 되기 쉬워진다. 특히 노년의 경우도 이 같은 고슴도치 딜레마의 삶과 같다고 했던 쇼펜하우어의 말이 생각난다.

아무리 가까운 부부 사이라도 너무 가까이 다가서면 서로 가시에 찔리어 상처를 줄 수 있으므로 적당한 거리를 두고 바라보며 서로 채워주고 아끼며 배우고 체온을 유지할 때 성공적인 공존의 열매를 맺고 아름다운 꽃을 피울 수 있을 것이라 생각된다.

몸이 노쇠한 부부일수록 서로 존경하는 마음의 자세가 꼭 요구되고 조금 더 상대를 이해하려는 노력이 필요하다고 생각된다. 서로의 호칭을 존댓말로 바꾸어 일상생활을 한다면 반드시 고슴도치 딜레마를 피할 수 있다고 믿어진다. 흉허물이 없다고 너무 가까이 함부로 말하고 대하면 둘 사이의 관계가 깨지기 쉽기 때문일 것이다.

나를 흥분시키고 미워하는 마음이 폭발적으로 일어나는 공격적인 마음의 원인은 근거가 확실한 특정한 요인이 있다기보다 평소에 쌓인 열등의식이나 자괴감이 원인이라고 한 어느 심리학자의 이론이다. 마치 선인장의 가시가 외부의 적으로부터 방어하려는 역할을 해내듯이 비록 연약하고 부드러운 줄기를 숨기고 강하게 보이려는 자기 생존의 비밀 법칙처럼 부드럽고 연약한 마음을 감추려는 강한 모습이 공격적인 말과 행동으로 포장되어지고 있다고 본다. 도덕적으로 용납할 수 없는 일들이 범법 행위로까지 규정되지는 않아도 분노하고 싫어하게 되는 이면에는 자존심의 상처를 치유하고 지켜내려는 본능적인 욕구가 있기 때문일 것이다.

내 안에 좌절된 욕구의 분출 작용을 미움이나 시기심, 질투의 감정들을 한데 뭉쳐 배설시킴으로써 자신을 보호하는, 더 나아가서 정당화시키려는 의도가 결국은 상대가 나를 두렵게 만들고 상대가 자기에게 굴복하게 하려는 의도가 깔려 있다고 단정지어 본다.

그러나 내 안에 누군가를 미워하는 감정이 있다고 한다면 그것이 바로 나를 미워하는 사실을 잊어버린 증거이며, 마치 선글라스를 끼고 있는 얼굴을 보기 위해 그리고 상대의 눈과 마음을 보기 위하여 가까이 다가설수록 선글라스에서 비추어지는 자기의 얼굴밖에 볼 수 없는 것과 같은 현상이라 할 수 있다.

누구를 미워하고 질투를 느낀다면 그것을 나의 내면의 욕구를 탐구할 수 있는 기회로 활용해야 할 것이며, 삶의 긍정적인 에너지를 낭비하는 고통스럽고 안타까운 일임을 깨달아야 한다.

성서에 일흔일곱 번을 일곱 번씩 반복하여 용서하라는 말씀이 있듯이 용서하고 또 이해해야 할 것이다. 그러나 가장 가깝고 의지하고 싶었던 사람에게 상처를 받았기 때문에 용서하기가 어렵고 힘들다고 사람들은 말하고 있다.

가슴 아픈 사연들이 기억 저편에 숨어 있어서 수십 년이 지난 뒤에도 고개를 내밀며 피해의식으로 상처의 흉터를 들추어내게 된다. 가해자는 잊어버리기 쉬운 일도 피해자는 상처의 고통을 잊지 못하고 생생하게 기억하고 있어서 차라리 가해자가 뒤늦게 용서를 빌고 용서해 달라고 고개를 숙인다 해도 용서를 받고자 하는 사람의 고통은 용서하는 사람보다 더욱 이기적인 것으로, 가해자는 상대가 홀가분하게 순간을 모면하고 평온하게 지내려는 이기적인 욕심에서 쉽게 자기를 속이고 있다는 판단을 하고 만다.

그러나 용서는 상대의 마음과 반성에 상관없이 하는 것이 가장 아름다운 길이기에 진실로 상대의 고통을 덜어내는 것이 아니라 오히려 나의 아픔을 치유하는 길음을 알아야 할 것이다. 상대가 사과하거나 반성해서라는 조건부가 아니라 오직 내 스스로 용서하고 이해하는 노력이 먼저인 것이라 생각한다.

영화 '밀양'의 내용 중에 아들을 유괴하여 살해한 학원 선생을 아이 어머니가 어렵게 용서함으로써 마음에 안정과 기쁨을 찾는 줄거리는 결국 원통함과 복수심을 없애고 자기 마음을 평온하게 유지하는 길임을 너무도 잘 나타내고 있다.

기억 저편의 뒤안길에서 찾아내는 상처의 흔적들이 지금 어느 순간에 나를 화나게 만들고 소심하게 판단하게 하며 공격적인 성미로 만들어 가는 것은 아무런 도움이 되지 못하고, 결국은 자신을 옭아매는 밧줄이 되어 마음을 묶어 놓게 되는 요인인 것을 늦게나마 깨달아야 한다. 어둡고 우울한 기분 나쁜 생활에서 벗어나 행복하고 즐거운 생활을 찾을 수 있으리라 본다.

굼벵이의 일생

한 무리의 고운 여학생들이 나를 보자마자 악 소리를 지르며 한 발짝 뒤로 물러서고 있다. 내가 그들 눈에는 흉물스러운 괴물인 모양이다. 나는 원래는 그들과 같은 인간이었으나 어쩌다 조물주가 선택을 잘못하여 하등동물인 굼벵이로 이 세상에 태어났을 뿐인데 만물의 영장이라 자칭하는 인간들은 나를 등뼈가 없는 혐오스런 생명체로 부르고 있을 뿐이다.

나는 지금껏 수년간을 썩은 볏짚이나 땅속 음습한 곳에서 수분만으로 목숨을 이어온 삶을 살고 있어서 땅 밖의 지상에서 인간의 눈에 띌 때는 모두가 한 번쯤 더럽고 흉물스런 생각을 갖게 한 모양이다. 앉지도 일어서지도 못하고 누워서만 살아가고 있으나 내 몸의 빛깔은 순백의 모습으로 고고하고 정갈한 멋이 있다. 몸뚱이는 100% 고단백으로 이루어져 있어서 병균이나 나쁜 세균에도 전연 오염되지 않은 깨끗하고 청결한 몸인데도 세상 밖 동물인 인간들에게는 결코 좋은 인상을 주지 못하는 미생물로만 보이고 있기 때문이다.

오직 밀림 생활에 익숙한 원시족들이나 오지의 종족들, 그리고 새들과 파충류들만이 나를 보자마자 반가운 함성을 지르며 귀한 선물인 양 소중하게 다루어 흙먼지를 털어내고 맛있게 먹어대고 있다. 그들은 나를 산삼이나 마치 귀한 보약을 찾은 듯 바구니에 주워 담으며 행복한 미소까지 짓는다.

내 친구인 매미나 잠자리는 항상 날개를 펴고 교만한 얼굴로 놀려대며 재미있어 했다.

매미가 가는 웃음을 머금고 나에게 물었다.

"너는 어둡고 캄캄한 땅속이 무섭거나 답답하지도 않니?"

"아니, 무섭지도 두렵지도 않아."

"너는 무얼 먹고 사니?"

"내가 즐겨 먹는 것은 맛있는 흙가루와 썩은 볏짚인데 흙 속에 스며 있는 물기와 함께 먹고 산단다. 그런데 매미야, 너는 무엇을 먹고 사니?"

"나도 나뭇잎이나 줄기에 배어 있는 물기를 먹고 산단다. 굼벵아, 나는 날개를 펴서 하늘을 나르다 몸이 지치고 피곤할 때 내 동무들과 함께 든든한 나무에 자리 잡고 쉬어가며 노래를 함께 부르며 지낸단다. 너는 하늘을 나를 수도 없고 노래를 부를 수도 없겠구나."

굼벵이와 매미는 먹고 살아가는 이야기를 자기들의 방식으로 표현하고 있으나 정작 자기들의 생각은 나타내지 못하고 있는 것이다. 세월이 흘러서 훗날 매미는 죽어가며 후손을 위해 알을 나무껍질 속에 묻어두지만 굼벵이는 누에 집을 치고 살다가 날개를 달고 나비가 되어서 세상으로 나오는 말년을 보낼 수 있으니 매미의 일생과는 거꾸로 빛나는 여생을 보낼 수 있다.

"나는 온 몸통을 앞뒤로 힘을 주어 움직여 가며 거처를 옮기고 집을 이사하는 데 몇 날 며칠씩 걸리지만 너는 날개를 펴고 몇 초,

몇 분 만에 좋은 집 넓은 곳으로 이사를 할 수 있겠구나."

굼벵이는 매미처럼 날렵하지도 못하고 빠르게 움직이지 못하는 자신의 처지를 슬퍼하면서도 결코 낙담하지 않았다. 언젠가는 하늘을 날 수 있는 날개가 생겨나 마음껏 세상을 구경할 수 있기 때문이다. 어른이 되면 장수풍뎅이나 나비가 되어서 자유로이 날아다닐 수 있기 때문이다. 무더운 여름철이나 매서운 겨울철에도 땅속에서는 더위나 추위에 아무 영향이 없어 사시사철 따뜻하고 서늘한 세상에서 살 수 있기 때문에 매미의 거처 따위는 부러워하지도 시샘할 필요가 없기 때문이다.

내가 굼벵이처럼 늙어 흉측스럽게 보이더라도 마음만 먹으면 영상 15도의 따뜻한 도서실에서 머리로 가슴으로 무엇을 위해 살아가고 그래서 어떤 일을 해야 할 것인가를 고민도 하고 미래의 희망을 꿈꾸며 하루를 보내는 행복한 모습에 스스로 만족해 할 수도 있다.

드디어 가을의 끝자락에서 겨울의 앞자락으로 접어드니 기온이 영하로 내려가며 매서운 바람과 함께 체감온도는 영하 10도 가까이 이르자 하늘을 나르며 항상 즐거워한 어미 매미들의 일생은 이미 끝이 나고 후손을 이어갈 성충들만 나무껍질 속에 묻어두고 흔적을 찾아볼 수가 없게 됐다.

땅속에서 바깥세상과 상관없이 침묵 속에서 살아온 굼벵이의 내일의 희망은 어디에서 찾아야 할 것인지 잠에서 깨어나며 하루의 계획과 한 달의 일들을 곰곰이 생각해 보았다. 굼벵이는 쪼그리며 자기 몸의 체온으로 추위를 피해서 그래도 온 밤을 편안하게 잠을 잘 수가 있었으나 영하의 겨울날씨는 너무 싫어서 지난여름의 무더운 날씨가 오히려 그리워지고 있다.

잘못된 선입견이라는 포대에 싸여서 세상 사람들이 나를 보고 미련스런 바보라고 수군대지만 내 몸은 인간들에게 원기를 북돋워 주고 간과 폐를 보호해서 보약으로도 널리 알려지고 있다. 내 몸 전체가 고단백질로 형성되어서 미련하고 게으른 굼벵이가 아닌 인간의 몸을 따뜻하게 하고 원기를 샘솟게 하는 그야말로 유익한 존재로 평가되고 있는 것이다.

그러나 때로는 인간들이 밟으면 꿈틀하고 몸을 비틀며 아파할 줄도 아는 미물이며 때로는 몸을 말아서 구르는 재주도 가지고 있어서 위험을 피할 줄도 안다. 그러나 하늘을 날지 못해서 꿈틀거릴 능력밖에 없는 것은 사실이기에 조금은 서운하고 아쉬운 마음이다.

침묵하며 일생을 겸손하게 불평 없이 땅 밑에서만 살아온 굼벵이의 일생을 다시 한 번 인간들에게 보이고 싶은 것이다. 노래 부르고 춤추며 뽐내는 매미의 즐거운 쾌락의 시절 뒤에 맞이한 사라져 간 죽음의 일생에 견주어 볼 때 삶의 가치는 진정으로 굼벵이가 훨씬 돋보이며 높이 평가되어야 할 것이라고 생각한다.

내 몸을 가루로 만들어서 죽어가는 당뇨병 환자나 암 환자에게 새 생명을 넣어 주는 희생과 봉사로 인간들이 멸시하고 혐오하는 미생물인 나를 바치려 하는 숭고한 이념을 지니고 있음을 자랑할 수 있다. 굼벵이가 번데기로 그리고 누에고치로 변신해서 은빛 찬란한 명주실을 만들어 내어 인간들에게 선물하는 고운 비단으로 탈바꿈하는 헌신을 우리들은 눈앞에서 바라볼 수 있다.

약삭빠른 인간들은 나를 길러서 돈벌이를 하는 요즘 세상에 어제까지는 흉물스러웠던 굼벵이의 모습이 이제부터는 사랑스럽고 다정한 모습으로 인간에게 이로운 미생물로 탈바꿈한 귀하고 유익한 존재가 되어 버린 것이다. 그래서 굼벵이의 삶과 그의 일생이 교훈적이라 생각된다.

나는 누구이며 무엇을 해야 하는가

오랫동안 생각하고 고민해 온 생각들로 머릿속을 꽉 메워 온 숙제가 있었으니 과연 내가 누구인가를 더듬어 보고 싶었다. 모든 사람들이 한 번쯤 자기 자신을 살펴보고 지내온 삶들과 그리고 앞으로 어떻게 살아야 할지를 고민해 보았을 것이다.

내가 남과 다른 점이 무엇이고 무엇을 기준으로 남을 정의하고 나를 구분 지을 수 있는가를 생각해 본다. 지금까지 반세기 이상을 살아온 내가 남들과 동일 조건 하에서 그동안 이루어 놓은 성과를 비교하는 것이 우선이며, 다음으로는 앞으로 남은 기대수명 기간 동안 무엇을 위해 살아가야 하는지 과제가 남아있으니 지금부터 남과 나를 구분하는 잣대라고 여긴다.

과연 나는 오랜 세월 동안 어떻게 살아왔으며 무엇을 위하여 애써 왔으며 무엇을 이루고 어떤 것을 이루지 못하고 후회하고 있는가를 엄숙하고 냉정하게 평가하고 반성하며 그 과오를 더듬어 보아야 할 것이며 앞으로의 멋진 계획을 연구해야겠다.

하루살이는 두 시간의 짧은 일생을 살다 가면서도 사랑을 쫓아가며 생을 마치고, 거북이나 앵무새는 백 년 이상을 살아가면서도 뚜렷한 흔적 없이 먹고 잠자고 노래하며 생을 마친다 하였으나 인간의 수명은 이제 한 세기를 넘어 바라보면서도 과연 이루어 놓은 일이 없어서야 어디 잘 살았노라고 감히 말할 수 있을 것인가?

어언 칠십여 년을 보내버린 지금부터라도 앞으로의 기대수명이 이십 년 남았다 계산하면 지금도 후회하고 슬퍼만 할 수 없다고 위안하고 싶다.

옛말에 아주 어리석은 사람은 과거를 후회만 하고 있는 사람이고, 덜 어리석은 사람은 과거를 추억만 한다고 하였으며, 현명한 사람은 과거를 거울삼아 앞으로의 삶을 바로잡아 살아간다고 했으니, 이제부터라도 과거에 내 잘못을 거울삼아야 할 것이며 좀 더 새롭고 참신한 하루로 채워 나가야겠다.

무엇보다 건강한 육체에서 건강한 삶이 탄생한다고 했으니 먼저 육신에 대해서 반성해야겠다. 우선은 건강한 몸을 너무 무시하고 자만했기에 불치의 지병인 당뇨병이란 놈에게 정복당한 지난 삼십 년 동안 쓰라린 잘못을 깨우치고 이제나마 서서히 병을 치유하는 일을 게을리 하지 않는 일이다. 끈질긴 운동과 식이요법으로 그나마 최악의 극한 상황에서 탈피하여 치유되는 희망이 보였으니 용기를 가지고 더욱 분발해서 또 다른 목표를 만들고 있다.

세기의 음악가 모차르트는 30년이라는 짧은 세월에서도 불후의 작품을 만들었으며, 쇼팽은 병든 육신을 십여 년 동안 이끌면서도 조국의 독립을 위하여 숨을 거두는 날까지 조국 독립자금 마련의 연주여행을 했으니, 나에게 주어진 기대수명 20년의 긴 세월은 결코 짧은 날이 아니다. 호랑이를 못 그려내도 최소한 고양이는 그릴 수 있고, 용이 못 되어도 이무기 흉내는 낼 수 있다는 지극히 평범한 상식을 교훈 삼고자 한다.

내 안에 깊이 뿌리내린 편협하고 이기적인 고정관념과 조급증은 수많은 행운을 앗아갔고 절호의 기회를 지나치게 했으니 선천적인 조급증은 침착함을 요구하는 사고에 훼방꾼 역할을 했다고 생각된다.

성격이 급하여 상대를 항상 불안하고 초조하게 하여 배척감을 유발시켰고, 때로는 큰 상처를 주어서 오히려 독이 든 화살이 되어 더욱 부풀려져서 다시 돌아올 때도 있었다.

남에게 호감이나 지원을 받지 못하면 반드시 사회생활에서 실패한다는 상식을 모르는 바보나 천치 같은 어리석음을 뒤집어쓰고 살아온 셈이다. 침착하고 주의 깊게 상황을 관찰하고 기억해서 분석한 후의 행동을 꼭 연마해야 한다는 생각이 모아지면서 이를 꼭 실행해야겠다는 의지가 불과 수년 전부터 습관이 되었다.

잠자리에서 일어나기 전 오늘 하루의 일을 그려보며 순서를 정리하는 습관이야말로 나를 한 단계 높이는 결과를 만들어 준 것이다. 허리에 매단 만보계의 숫자가 일만 번을 넘을 때까지 몸을 움직여야 함을 물론이며 하루 세끼 식사하듯 당연한 일과의 한 부분이 되었다. 그 눈부신 성과는 현재 혈당수치 결과와 몸 상태의 호전으로 입증이 되고 있다.

소크라테스는 자신을 아는 것이 행복보다 더 중요한 사실이라고 했다. 무엇보다 먼저 자신을 안다는 것이 자신의 진정한 욕구와 능력과 의무를 알고 알맞게 살아가는 것을 의미하고, 그런 관점에서 자아인식은 행복 추구보다 선행되는 일이며, 따라서 단순한 행복은 삶의 목표가 아니라 부산물로 얻어진다고 했다.

나아가 걷고 쉬는 시간에 생각을 깊게 해서 사물의 본 모습을 자세하게 살피며 사고하는 버릇이 생겼으며, 자연의 섭리에 따른 계절의 변화를 깊숙이 느끼며 즐기는 여유로움까지 생겨 내 생활을 여러 가지 색깔로 그려내는 보람을 얻게 되었다.

내가 지닌 강점이 꾸준한 인내로 한 가지 일에 집착하는 몸에 밴 관습은 여러 가지의 생각들과 생활 속에서 묻어 나온 경험들을 글로 표현하는 작업을 시작하게 했고, 그 결과 내가 사랑하고 소중하게 생각한 내 가족과 혈육들에게 떳떳하게 건네줄 수 있는 두 권의 책으로 엮어 놓을 수 있었다.

혈기 왕성한 젊은 시절에는 감히 머리로 생각만 하고 실천하지 못한 일이 늦게나마 예상 외로 결실을 맺은 일이 가상하고, 기쁜 결과를 이루어 낸 것이 조금은 자랑스러운 것이 진솔한 마음이다.

누구에게나 장점과 단점이 있게 마련이다. 장점과 단점은 선천적이거나 성장 환경에서 생성된 부분이라면 강점과 약점은 후천적으로 배양된 행동 덕목으로 나타난다고 해서, 나는 긍정적이며 희망적이고 미래 지향적인 욕구를 강점으로 현재를 꾸리고 있는 것이다. 육체가 허락하는 한 새로운 분야를 개척하고 경험해 보고 싶은 충동이 마음속에 꿈틀거리고 있음을 느낀다.

마치 자전거는 페달을 밟을 때만 앞으로 전진하고 쓰러지지 않듯이 적당한 욕구를 분출해 가면서 내일을 보며 오늘을 채우게 된다. 과거에는 쉽게 포기하지 못하고 이기적이며 독선적으로 아집에 사로잡혀 고집 속에서 고통만 받았으나 이제는 포기하는 것도 배우며 조금 줄이고 약간 버리는 것도 연습하면서 마음을 평온하게 다스리는 즐거움도 누리게 된다.

달리기를 할 때 앞에서 불어오는 역풍이 싫어서 기분이 상할 때도 있었으나 오히려 역풍은 달리겠다는 의지를 더욱 공고하게 다져주는 힘이 되기도 하여 그동안 몰랐던 잠재력을 일깨워 주는 고마운 존재가 되기도 하였다. 새로운 것을 시작해 보는 도전정신이 싹트고 있었다. 아무리 사소한 일이라도 처음 시작할 때의 흥분과 설레임이 지금까지의 역풍 중에서 반대로 나를 일으켜 세운 보약으로 내 삶에 활력소가 되었음을 느끼고 있다.

새로운 분야의 악기(클라리넷)를 배운다는 일이 내게는 마치 신선한 충격이고 보람이 되었기 때문이다. 우리의 삶이 순조로운 것만 아니라 역풍투성이라 하여도 한탄하고 주저앉지 않으며 역경의 기회를 이겨내는 성공의 기회를 다시 붙잡을 수 있다는 사실이 내가 변모해진 모습에서 증명되고 있다고 본다.

먹고 자고 자식들 바라보며 조용하게 남은 인생을 보내고 안주하고 싶은 다른 노인의 모습과 또 다른 역풍을 헤치고 새롭게 도전하고 애쓰면서 여생을 보내고 있는 현재를 보면서 흡족하고 행복한 느낌이 가득 차고 있는 자신을 보고 있다.

내가 아닌 남과의 미소한 차이점 가운데 끈기와 승부 욕구를 스스로 강점으로 생각하고 할아버지의 선물로 내 후손들에게 거울이 되고 싶다. 안 좋은 부분은 버리고 장점을 본받으라는 너무도 평범한 교훈을 남겨주고 싶은 것이다.

노년의 하루

온 세상의 구석구석까지 공평하게 내리쪼이는 초겨울의 따뜻한 햇살을 감사하게 즐기면서 그늘진 쪽을 피하여 맞은편 해가 비추는 둑길을 걷고 있다. 오전 운동으로 매일 반복해서 해온 산책길이다. 대문을 나서면서 어느 방향으로 돌아가야 할지 생각하고 나서 시간을 계산해 보는 것이 습관이다. 한 시간 거리를 오르고 잠시 쉬었다 내려오면 반시간이 지나서 오전 열 시쯤에 도서관 휴게실에서 자판기 커피 한 잔으로 하루의 행복한 출발을 즐기면서 세월을 보내고 있다.

살아 숨 쉬고 있다는 상태만으로 만족스럽게 생각하고 팔 다리 육신을 움직이며 가고 싶은 곳, 보고 싶은 곳을 구경하고, 듣고 싶은 음악을 즐기는 눈과 귀가 아직은 고장 나지 않고 제 기능을 다하고 있으니 크게 감사해 하며 흐르고 있는 시간들을 알뜰하게 요리하고 있다.

노년기에는 무력하고 우울하게 지내기 쉽다고 한다. 우울증은 상실의 산물이라고 할 수 있다. 일반적으로 정년으로 퇴직하고 일정 수준의 욕망이 해결되고 난 뒤 더 이상의 꿈과 희망이 없어졌기 때문에 나타난 공백의 결과물인 것이다. 자기의 가장 중요한 목적이 이루어지고 난 뒤에 오는 일종의 허탈감이 정신적으로 우울증으로 규정지어지고 있다.

우울증은 멜랑콜리와 본질부터 다른 원인에서 발생하는 정신적 상황이라 할 수 있다. 슬픔과 멜랑콜리를 연관 지은 심리학자 프로이드는 이 두 가지 모두가 과거의 고통스러운 기억들에서 이끌어 낸 심리상태이며 뚜렷한 이유 없이 이루어지는 슬픔과 두려움이라고 규정하고 있다.

예를 들어 사랑하는 가족과 함께했던 소중한 추억들을 다시 생각하게 해주는 장소를 가기 싫어하고 그런 행동을 반복하는 고통을 회피하고 숨어버리고자 하는 심리가 우울증이라고 했다.

우울증은 자기가 쓸모없는 존재라고 자각하고 자기 비하를 일삼는 특징을 가지고 있으며, 실어증이나 건강 염려 증상들이 그 대표적인 예이다.

그렇다면 나는 상실의 울타리 안에서 어떤 의미를 지니고 하루를 보내고 있는지 자문하면서 우울증에서 벗어나고자 새롭고 신기한 것들을 찾으려는 욕심으로 오늘 하루를 어떻게 이어가야 할 것인지 깨우쳐 본다.

내가 좋아했던 일들만 좇아서 하고 살아온 지난 몇 년간은 기쁨으로 채워진 행복한 세월이었다고 자부해 보곤 했으나 과연 그랬을까. 고작 두 편의 수상집을 엮어내어 볼품없는 생각을 담았을 뿐인데도 백면서생(白面書生)의 늙은 나이에 힘겹게 만들어진 작품이 그래도 주변에서 찬사와 격려를 보내 주어서 위로를 받아 왔기 때문이다.

수십 년 동안 시달린 지병으로 언제 다가올지 모를 죽음이라는 순간을 편안하고 여유 있게 맞이해야 할 것이라 오랫동안 고민해

왔으니 내게는 정말로 절실하고 숙명적인 과제를 해결하기 위한 한 가지 방편으로 생각들을 몇 편의 글로 남겨 둬야 할 것이라 믿고 있었다.

무슨 거창하고 원대한 내용의 작품이 아니며 심오한 진리를 담아 놓은 내용이 아닌 일상에서 흐르고 있는 생활 속에서 삶이 묻어 있는 이야기들뿐일지라도 내게 보람 있고 귀하게 느껴지고 있음은 사실이다. 볼품없이 보내게 될 황혼의 시기에 그래도 의미 있는 세월이 될 수 있도록 일깨워진 지금의 시간이 얼마나 소중한지 모른다.

어차피 청춘 시절로 돌아갈 수 없는 냉엄한 현실을 겸허하게 받아들이며 몸을 다스리고 마음을 살찌우는 연습을 게을리 하지 말아야겠다는 다짐을 셀 수 없도록 하면서 비탈길을 오르고 내리며 혈당을 조절하고 하체운동으로 몸을 단련한다.

책을 읽으며 타인의 인생을 엿보며 관찰하고 분석하며 생각을 깊이 하는 즐거움을 맛보고 있다. 앞으로 남아있는 세월을 계산하고 이미 사라져버린 정답고 반가웠던 사람들의 자취를 기억하면서 다시 못 올 추억을 아쉬워하며 서둘러서 생각하면 마음이 조급해지기 시작한다.

오늘 하루가 저무는 해질녘에는 아까운 시간이 사라져버린 아쉬움까지 들고 있다. 보이지도 않으며 잡을 수도 없는 미래의 꿈을 좇아 달려가는 팔십대 노인의 맹랑한 욕심을 비웃거나 탓한들 내게는 상관없는 남의 일일 뿐이다.

시간을 쪼개서 생활하고 한 가지 일에 집착해서 살고 있는 할아버지를 보고 손자들은 무엇인가 생각하고 있을지도 모른다.

주변에서 조용한 삶이 건강한 은퇴 생활이라 떠들어 대기 일쑤이다. 이러지도 저러지도 못한 어정쩡한 삶으로 끝낼 사람들이라 해도 누가 탓하거나 욕하지는 않겠지만 어느 쪽이 가장 아름답고 값진 인생길인지는 내게 아무 의미가 없다. 내가 스스로 좋아하고 하고 싶은 일이 있기 때문에 그곳에서 즐거움을 찾을 수 있기에 그렇게 살아가고 있는 것이다.

공원 벤치에 끼리끼리 앉아 이야기를 나누며 시간을 보내고 있는 노인들은 나름대로 즐거운 시간으로 하루를 보내고 있으며, 부유한 노인들의 크루즈 여행이나 호텔에서 오락프로그램을 즐기는 사람들 또한 그들대로의 행복한 시간이라 믿으며 살아가고 있는 것이다. 그러나 새로운 것을 찾아가려는 인간의 본능적 욕구는 어느 부류의 노인에게도 싹트게 마련이다. 그러한 욕구를 배설하기 위하여 내일을 설계하고 미래를 꿈꾸게 된다.

내가 새로운 것에 도전하기 시작한 이유가 바로 욕구를 충족하고자 하는 동기가 되고 있다. 그것이 내가 살아가는 인생의 의미라 믿어진다.

"이제 당신의 시간은 한정되어 있으니 타인의 삶을 살며 낭비하지 말고 당신의 마음과 직관을 따르는 용기를 가지고 언제나 갈망하는 일들을 우직하게 따르라"는 스티브잡스의 충고를 새기면서 하루하루를 인생의 마지막 날처럼 산다면 이 노인의 삶은 옳은 삶을 살고 있다고 말할 수 있지 않을까.

노부부의 항해

대서양을 건너던 한 척의 유람선인 타이타닉 호가 1912년에 바다 속의 유빙에 부딪쳐서 가라앉아 1,500여 명의 승객의 생명을 앗아간 놀라운 사건이 있었다. 100여 년이 지난 지금까지 타이타닉의 침몰 원인을 밝혀내지 못한 채 항해사들의 기술력이나 건조된 배의 견고함도 소용없이, 순간의 부주의로 빙산의 주의를 무시해서 일어난 대참사로 여겨지고 있다.

부부의 항해에서도 순간의 방심과 부주의가 최대의 참담한 결과를 초래하고 있는 현실을 보곤 한다. 노인들을 연구하고 있는 전문가들이 조사한 바로는 현재 우리 사회의 노인 인구 65세 이상 1,000명을 대상으로 독거노인 실태가 무려 75%로 조사되었으며 이중 50% 이상이 홀로 생활한 외로운 사람들이라 했다. 여기에서 독거노인의 숫자는 비록 한 지붕 아래에서 함께 생활한다고 해도 별도의 방에서 기거하고 또는 한 사람은 자식들과 함께 멀리 떨어져 별거하며 살고 있는 노인까지 포함하는 숫자이다.

대부분의 할머니들이 남편을 떠올리는 생각이 '웬수' 또는 '죽일 놈'이라는 생각이 먼저라고 대답한 웃지 못할 통계를 보았다. 여기에서 '여보, 당신'이라는 부드럽고 따뜻한 표현은 상상도 못할 숫자에 불과하다는 것이다.

반세기 가까이 한 배를 타고 오만 풍상과 파도를 넘어 건너온 부부간의 생각이 이토록 처참하게 나타나고 있는 상황이 특별히 우리나라에만 존재하는 현상인지는 묘연하기만 하다. 여기에서 주목할 만한 요인은 동양인 사상, 특히 우리나라의 전통문화 의식 속에 자리 잡은 남존여비(男尊女卑) 사상이 뿌리 깊이 박혀 있어 남자는 높고 귀하고 여자는 낮고 천하다는 낡은 관습에서 싹튼 인습이 아직도 존재하고 있음이 아닌가 생각된다.

남녀가 평등하다는 서양 사람들의 사고에서 찾아보기 힘든 별난 일이 아닌가. 된장찌개 하나만 끓여 놓고도 주름진 얼굴을 마주하고 식사를 하는 행복한 곳, 받는 것보다 주는 마음이 더 행복한 터전이 가정의 밥상이고 보면 한 지붕 아래서 다른 방에서 잠을 자고 홀로 밥을 차려 먹어야 하는 독거노인들의 애환을 주변에서 가끔 마주하곤 한다. 실로 가슴 아픈 현실이 아닐 수 없다.

한때의 방심과 부주의로 배가 침몰하여 가야 할 목적지로 이르지 못하고 늦은 나이에 황혼이혼까지 하는 사례 또한 서글픈 현실이다. 이미 항해는 시작되었고 바다 한가운데를 지나고 있어 배가 조금 삐걱댄다 해도 길을 잃고 헤매는 것보다 이제부터라도 항해 수칙을 잘 지켜 가며 함께 키를 잡고 목적지까지 바다를 향해 힘차게 물살을 가르며 나가 보아야 할 것이다.

여기에 꼭 지켜야 할 수칙이 있다면 배려인 것이다. 그리고 다음은 존중이라 믿는다. 아무리 황금만능 시대라 하여 조금 더 가졌으면 조금 더 편하게 지낼 뿐이지, 반드시 건강한 가정을 유지하는 필요조건은 아니기 때문에 조금 부족한 부분은 함께 참고 이겨내는 지혜로 가정의 파고나 상처를 만들지 말아야 할 것이다. 아무리

비싼 모피코트를 입었다 해도 부부가 친밀하지 못하면 마음은 항상 춥기 마련이다.

사지가 마비되어 가는 루게릭병을 앓고 있는 남편의 몸을 아내가 쓰다듬으며 극진하게 보살피는 장면의 영화 '내 사랑 내 곁에'를 보고 너무 감동스러워 지금도 선명하게 기억이 떠오른다. 서로 배려하고 서로를 존중하는 마음이 시작될 때 그 배는 서서히 안정을 찾으며 물살을 헤쳐 나갈 수 있을 것이다.

얼마 전 황혼이혼의 원인 중 변기를 사용한 후 뚜껑을 닫아 놓지 않아서 노부부가 말다툼으로 발전, 급기야는 인격 모독과 수십 년 전 지난날의 잘못까지 들추어내어 무서운 사건으로 발전했다는 웃어야 할지 울어야 할지 모를 어처구니없는 기사를 읽은 기억이 있다. 아주 사소한 깨알 같은 사건이나 광경이 이기적이고 독선적인 사고의 바탕에서 무심코 입 밖으로 뱉어질 때 무서운 독이 되고 화살이 되어서 상대를 죽이고 결국 자기 자신도 죽이는 결과를 초래하고 있음을 알아야 할 것이다.

'낙타는 작은 콩알 하나에 등이 부러진다'는 아라비아 속담이 있듯이 하잘것없는 일로 수십 년 쌓아온 부부의 금이 깨지는 경우가 생길 수 있는 것이다.

자주 듣는 고사성어로 '가화만사성(家和萬事成)'이라는 말이 있다. 즉 가정이 화목해야 만 가지 일이 잘 이루어진다 했으니, 거꾸로 말해서 가정에서 화(禍)가 나면 만 가지 일에도 성이 나서 잘 안 풀린다는 의미도 있다 하겠다.

두 부부의 목적지가 비록 다르다 해도 한 사람은 경제적 가치가 있는 섬을 향하고자 하고, 한 사람은 자녀 교육이라는 섬을 향하려

하는 서로 다른 키를 잡으려 할 때 여행하는 배는 항구에 도달하기 전에 길을 잃고 뒤뚱거리게 될 것이다. 늦게 목적지에 도착하게 될 것이기 때문에 시작부터 조금 줄이고 버리고 조금 낮추고 포기해서 합의하려고 애써 보고 잠시 동안 마음을 비워 본다면 마침내 새록새록한 정이 담긴 뜻밖의 분위기가 조성되기 시작하여 아름다운 꽃피는 노부부의 삶이 이루어질 것이라 믿고 있다.

그때부터 젊은 날 아내의 모습이 떠오르며 남편의 모습이 되살아나서 둘 사이의 분위기는 극적으로 반전되어 이해하는 마음과 사랑하는 마음까지 우러나는 아름다운 노년의 삶을 보낼 수 있으리라 생각된다. 다시 모든 일을 계획하여 안전한 항해를 할 수 있도록 서로 양보하는 모습을 자녀들에게도 보여야 할 것이다.

만년(晩年)의 미학(美學)

4층 도서실에서 내려다보이는 건너편 중학교 운동장에서 기운이 넘쳐나 공을 차고 뛰어 노는 어린 학생들의 모습을 볼 때마다 아름답고 부러운 생각으로 나와는 별개의 세상 모습으로 여겨지고 있다. 항상 엘리베이터를 이용하지 않으며 4층 계단을 하루에도 몇 번씩 걸어서 오르고 내리면서 무거워진 육신을 발견하고는 이제 새삼 늙음을 스스로 인정해야 할 당연한 시점에 왔음을 느낀다.

지금까지 경제와 관련해서 돈을 모으고 부를 이루는 데는 실패하였고, 더욱이나 정치에는 전연 관심이 없어 명예를 쌓고 권력을 얻는 데는 문외한으로 살아왔으나 내 몸을 건사하고 내 가족에 대한 책임은 아쉬운 대로 최선을 다했는지 자문해 보고 싶다.

우리나라 평균수명이 남성은 78세, 여성은 84세이다. 내 나이로 남자의 평균수명에 거의 접어들었다 해도 무방하다.

젊든 늙든 죽음은 반드시 찾아오기 때문에 모두가 그렇듯이 죽기 전에 내가 살면서 무엇을 더 얻어야 하고 무엇을 바라면서 남은 날들을 아름답고 보람 있게 결산한 것인가를 생각해 보는 것이 습관처럼 머릿속에서 항상 숙제가 되어 버티고 있다.

성서에 나온 욥의 독백처럼, 알몸으로 어머니 배에서 나온 이

몸, 알몸으로 그리 돌아가리라는 말을 되새기어 본다. 누구와도 동행하지 못하고 홀로 떠나야 할 자연의 순리이기 때문이다. 그런 숙명을 차분하게 받아들이는 연습을 해야 할 것이다. 인생의 행복은 고통을 겪은 다음에 찾아온다고 한 독일의 문호 괴테의 말처럼 괴로움을 맛보았기에 달콤한 여생이 기다리고 있다. 나 또한 한때 비애를 느껴 보았기에 따사로운 햇살 아래서 단맛을 즐기고 싶어진다.

예고 없이 어느 날 갑자기 찾아온 병마로 생을 마감한 어느 유명 의사의 부고(訃告)가 나에게도 닥쳐올 수 있겠다는 생각이 머리를 스친다. 그는 웃음 치료사로 전 국민의 건강을 선도하는 훌륭한 의사였으나 폐혈증으로 인한 죽음이 여러 사람을 놀라게 했다.

비록 볼품없이 지금까지 애써 버티어 왔으나 허둥지둥 경황없이 떠나면서 아무 흔적조차 남기지 못한데서야 자손에게 도리가 아니다. 나 또한 저승으로의 호출에 비켜갈 수 없으며, 신만의 권능을 거역할 수 없기 때문이다.

그동안 모은 유품을 정리하고 살아온 흔적을 깨끗하게 마무리해야 함이 생전의 세상에 대한 예의라고 어느 철학자가 말했으나 파도가 물거품처럼 사라져 버리듯이 어느 날 갑자기 삶을 끝낸데서야 어디 살았다고 할 수 있겠는가. 한편으로는 내 자취를 좀 더 뚜렷하게 남기고 돌에 새기고 사라지고 싶은 마음 또한 진솔한 욕심이다. 훗날 이웃사람들과 가족들에게 기억되는 자기 존재를 원망이나 미움으로 포장되지 않도록 하고 떠나고 싶은 것이 모든 노인들에게 공통되는 희망이고 욕심이라 생각된다.

이제는 의학이 획기적으로 발전하여 100세까지 사는 센터네리

언(centenarian) 시대가 돌아온 것이다. TV 프로그램에서 100세 노인들의 건강한 모습으로 그림을 그리며 또는 관현악기를 부르며 마지막 정열을 쏟고 계신 모습에서 모든 노령에 계신 시청자들이라면 부러운 마음을 가지고 찬사를 보냈으리라. 자기가 즐기고 좋아하며 하고 싶은 일을 찾아서 황혼의 날들을 채워 가는 것이 가장 바람직스럽다고 생각되어 내 스스로의 처지와 비교해 보는 것이 매우 당연한 흐름이라 생각되어진다.

물리적으로 신체의 각종 세포기능이 노화되어 뛰며 운동장을 누빌 수는 없겠으나 지금까지 축적된 사고와 사상은 정신적으로 녹슬지 않았으리라 스스로 위안하면서 선배들이 남겨놓은 지혜를 엿보고 새롭게 깨우치기 위한 많은 서적을 탐독하는 즐거움으로 정신건강을 돌보고 싶은 것이다.

몇 해 전 발목인대가 파열되어서 석고로 발목을 두르고 목발에 의지하며 일 년을 불편하게 지내온 경험이 있었다. 불의의 사고로 설정해 놓은 생활리듬이 깨지고 예기치 않은 쇠약한 결과를 초래하게 되면서부터 우리의 삶이 계획대로 짜여진 이정표와는 아주 동떨어진 길도 있다는 놀라운 경험을 다시 한 번 체험하게 되었다.

몸이 불편했을 때 찾아온 많은 생각들 중에 가장 먼저 꼽을 수 있는 일들은 바로 건강했을 때 그냥 지나쳐 버리고 만 아주 사소한 일들이었다. 내게 지병인 혈당을 낮추기 위한 유일한 보약인 걸어서 산에 오르는 기본적인 운동을 소홀하게 여긴 것이 얼마나 후회스러웠는지 모른다. 그렇게 못한 목마름의 갈증을 목발 신세를 벗어나고부터 원 없이 하고 있음은 스스로도 가상스럽기까지 하다.

늦었으나마 규칙적으로 움직이며 산을 오르고 내려가며 몸을 돌본 결과 다행스럽게도 옛날의 정상 혈당수치를 유지하게 되었다. 그러나 칠십대 중반의 나이인데 비하여 특별히 아프지도 않으나 보통 사람들에 비하여 조금 곱게 보인다 한들 늙은 냄새는 어쩔 수 없이 풍겨나는 모양이다.

"머리를 자주 감아라, 속옷을 자주 바꿔 입어라, 목욕을 자주 하라"는 아내의 충고와 간섭이 잔소리로만 들리지 않으며, 늙은 사람에게서 나는 냄새 때문이란 것을 알고 있으니 이제는 당연하게 받아들이고 있다. 신체의 노화는 어쩔 수 없다 해도 정신적인 노화는 방지할 수 있으리라 믿고 싶다.

정신없이 바쁜 일정이 아니더라도 하고 싶은 독서와 글쓰기는 내 두뇌와 기억력을 일깨워 주는 일거리로 믿으면서 남은 날까지 열심히 채워 나가야겠다. 생활의 기본적인 부분에서 남의 도움을 받지 않고 스스로 독립적인 활동이 가능한 지금의 내가 얼마나 다행스럽고 축복받은 삶인가를 감히 드러내 놓고 싶다.

세르반테스의 '돈키호테'에 나온 말로 "빵 한 조각만 있으면 어떠한 고통도 이겨낼 수 있다"고 했다. 비록 가난하지만 넉넉한 마음으로 행복을 느끼며 살아가고 있으니 부유한 재산가들이 썩은 고기 한 쪽을 더 먹겠다고 싸우고 재판하는 천박한 인생보다 한 식탁에서 열 명의 가족이 평화롭게 둘러앉아 천국을 맛볼 수 있으니 축복이라 하겠다.

그러나 탐욕의 눈에는 천하를 얻는다 해도 항상 어둡고 불안한 마음이라 어찌 아름다운 삶이라 할 수 있을 것인가.

지금의 노령에는 가진 자와 가난한 자의 구분이 소용없으며 많이 배운 학력의 소유자와 무학인 사람과의 구분이 필요 없는 지극히 평범한 이치를 깨닫는 시점에 와 있다고 본다. 자립을 의식하고 자율적으로 행동하는 한 인간의 노령의 삶이 바로 아름답게 빛나는 화려한 노년의 미학이 아닌가.

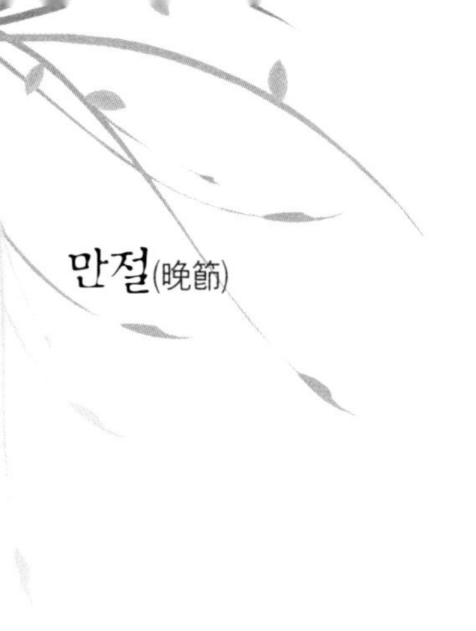

만절(晩節)

채근담에서 인생에 있어서 끝머리를 의미하는 말로 노년의 인생을 어떻게 보내야 할 때 자주 '만절'이라는 말이 쓰인다. 또는 다른 의미로 '늦게까지 지키는 절개'의 뜻도 있다고 한다.

주름투성이 얼굴에 굽은 허리의 노인이라도 아름다운 노송(老松)처럼 보이는 사람이 있는가 하면 아무리 얼굴이 곱고 허리가 곧아도 움직이는 곳곳마다 추한 냄새를 풍기는 사람이 있다. 늙음은 피할 수 없는 자연현상이지만 어떻게 늙는가에 따라 그 만절의 모습이 아주 다르게 나타난다.

나이가 들면 이해심이 많을 것 같으나 고집스런 생각이 더 커지고 있는데 유연한 사고력을 잃기 때문이기도 하지만 자기주장을 굽힐 필요가 없다고 판단하기 때문에 완고해지는 것이다. 젊은 시절의 기억과 사고력이 사라지고 난 뒤의 건망증이 늙어서 나타날 때 노망(老忘) 또는 노취(老醉)라는 표현을 쓴다. 그러나 기억력의 감퇴 역시 자연스러운 것이어서 걱정할 일이 아니라 생각된다.

'몬테크리스트 백작', '삼총사'를 지은 작가 뒤마를 숭배한 한 여성이 그에게 물었다.

"선생님은 어떻게 그렇게 우아하게 늙으셨습니까?"

그러자 뒤마가 대답했다.

"부인, 나는 내 모든 시간을 쏟았답니다."

뒤마처럼 한 가지 일에 온 정열을 쏟으며 지내는 노인의 삶에서 자신이 아직까지 할 일이 남아 있다는 충만감으로 그의 만절은 향기를 내뿜지 않았을까 추측해 본다.

불현듯 자신이 쓸모없다고 생각될 때 인간은 외로움을 느낀다. 그러나 고독은 익숙해지면 스스로 즐기며 지낼 수 있다. 하지만 외로움은 아무리 친해지려 해도 늘 낯설고 힘들어지기 마련이다. 나이가 들어갈수록 주변에서 하나 둘씩 멀어지고 사라져 버리는 인간관계며, 심지어는 가족관계에서도 멀리 떨어져 살게 되어 결국에는 홀로 살아가는 처지에 이르게 되면서 외로움을 안고 살아가게 마련이다.

"내가 무용지물이 됐다는 생각과 고독감은 가장 비참한 빈곤이다"라고 한 성녀 테레사 수녀님의 독백에서 알 수 있듯이 남에게 더 줄 것이 무엇인가를 생각하고 남을 위해 더 해야 할 일이 어떤 것인가를 항상 고민하며 지내신 그분의 외로운 삶이 그 한곳에 정열을 쏟으며 늙어가는 모습이 아름답고 향기로웠다고 할 수 있을 것이다. 스스로는 비록 비참한 생각에 휩싸였다 해도 그녀의 만절은 높이 평가되고 있다. 그러나 그녀의 아름다운 늙음은 이미 세상에서 추앙받을 만한 일로 지금까지 유명하다 할 것이다.

흔히 늙음은 도둑고양이처럼 슬금슬금 눈앞에 다가온다고 한다. 지금은 우리나라의 평균수명이 78세(남), 84(여)로 지난 오십 년 전만 해도 70세는 희귀한 수명이라 해서 고희(古稀)라는 표현이 있었으나 지금은 다르다.

사람들은 젊은 시절부터 어떻게 벌어먹고 살고(生計), 어떻게 입신출세하고(身計), 가정을 어떻게 꾸려가야 하는가(家計) 세 가지 부문에서 생각을 많이 하고 살아왔다. 그러나 중국 송(宋)나라에 주신중(朱新仲)이라는 학자가 주장한 '인생 5계론' 중에서 어떻게 늙어가야 하는지의 노계(老計)와 어떻게 죽어야 하는지의 사계(死計)에 대하여는 대부분 남의 일처럼 깊은 생각을 하지 않으며 살고 있다.

청년기, 장년기는 예나 지금이나 사는 세월이 똑같지만 노년기는 의학의 발달로 점점 길어지고 있어서 수명이 늘어난 만큼 죽음이 미루어지고 있음은 깨달아야 할 것이다. 그래서 만절의 의미를 다시 한 번 곱씹어 보며 노년의 하루를 청장년기의 1년처럼 가득가득 채우며 살아야 하지 않을까.

단순하게 몸만 건강하게 유지하는 것이 아니라 무언인가 좋아하고 하고 싶은 일에 열중하고 몰두하며 계속 노력해야 함이 장수를 누리는 지름길이고 아름다운 인생을 마무리하는 길이 아닐까. 마치 위대한 음악가들이 장수를 누리는 사례가 증명하듯이 명지휘자 토스카니니가 90세까지 장수했고, 유명 피아니스트 루빈스타인은 95세에 죽었으나 89세 때까지 마지막 연주를 했다고 한다. 그는 평소 "어제보다는 오늘이 오늘보다는 내일이 매번 새로운 창조이며 전진을 거듭함이 나에게는 즐겁고 기쁨이다"라고 말했다.

우리 사회에서 노인에 대한 고정관념이 있다. 이제 쓸모없는 인간 또는 살날이 얼마 남지 않은 인간이라 단정하고 양지 바른 곳에 앉아 졸고 있는 모습을 떠올리게 된다. 그러나 이제는 다르다. 노년이란 지금까지 닥쳐온 모든 풍파와 싸워 이겨내고 당당하게 버텨 온 승리자요, 나름대로의 위대한 업적을 이루어낸 삶의 전쟁터에서 모진 고난과 싸워 승리한 정복자임에 틀림없다.

지금부터는 새로운 인생을 살아가는 제2의 인생에 초입기라 믿으며 새롭고 반갑게 생각하며 희망을 걸어 놓고 출발해야 한다. 노인들에게 노인답게 살라는 말은 어제까지의 생각이고 지금부터라도 개성 있게 젊은이들의 사고를 지니고 살아야 할 것이다.

미국의 윌슨 대통령부터 아이젠하워에 이르기까지 7명의 대통령 고문직을 맡아온 금융계의 거인 버나드 바루치는 85세에 "현재의 내 나이가 몇 살이든지 상관없다. 지금 나이보다 15세 연상의 세월이 지날 때 내가 노인이 될 것이다"라고 말했다. 그는 94세에 죽었다.

영국 수상 처칠 역시 75세의 노인이 하이드 파크 공원에서 젊은 여성을 성추행하는 기사를 보고 껄껄 웃으며 "75세의 늙은이가 그런 짓을 했다니 내가 영국인이라는 것이 자랑스럽다"고 말했다.

사람을 늙게 하는 것은 마음이지 얼굴 모습이 아니다. 자기가 젊다고 느끼고 살면 그만큼 젊어지고, 늙었다고 생각하면 늙어진다고 했다. "내 내부에는 구름도 없고 지쳐 빠진 심장도 없다. 다 쓰지 못한 청춘뿐"이라고 한 에머슨의 독백의 의미가 새로워진다.

삶의 의미를 잃어버리고 지낼 때부터 조로병(早老病)에 걸린다고 한다. 이른바 명사들이 돈과 권력, 명예를 좇아 살다가 자신이 원하던 것을 채운 후에는 더 이상 머리 쓰지 않고 편안함을 즐기려 하기 때문에 삶의 보람이 없어졌다고 느끼며 조로병에 걸리기 쉽다고 한다. 카잘스는 첼로 연주자로 85세까지 연주 활동을 했고, 97세 죽기 전까지 지휘봉을 휘둘렀다고 했다. 그의 열정을 한곳에 쏟으며 삶의 의미를 찾았기 때문이다.

미국의 모제스라는 화가는 80세까지 평생을 바느질로 생활해 오다 관절염이 심해서 그때부터 그림을 그리기 시작하여 10여 년간 1,500여 점의 그림을 완성했다고 한다. 90세가 훨씬 넘어서 뉴욕의 한 화상에게 그의 그림 가치가 인정되어 유명해졌는데, 그도 또한 한 가지 일에 열정을 쏟으며 부지런하게 머리를 쓰고 의욕을 잃지 않고 생활했기 때문이다.

할 일이 있다는 것만 알고 그 일을 끝낼 때까지 몰두한 생활이야말로 노년기의 만절을 꾸미는 지름길이라 생각된다.

해질녘에 멀리 보이는 하얀 호박꽃이 선명하지 못하여도 꽃잎에서 황금 호박이 매달리는 상상을 해보며 만절의 황혼길을 걸어가고 싶다.

제2의 정년

며칠 전 일본에서 근로자들의 법정 정년이 65세로 종전보다 5년이 연장되었다는 보도를 들었다. 우리나라에서는 이제 60세로 몇 년을 연장하자는 여론으로 법안이 국회에서 심의 중이라고 했다. 인간의 평균수명이 한국에서도 82세로 과거보다 10여 년이 높아져서 근로능력 또한 길어지는 것은 당연한 결과일 것이다 .

나는 제1 정년의 시대에 그때 사회에서 55세로 일선에서 은퇴하여 지금까지 20여 년을 살아왔으나 무슨 목표를 향해서 무엇을 얻으려 애써 왔는지를 모르고 세월을 죽이면서 보내왔으니 지금 생각해 보면 참으로 한심스럽고 어리석은 인생살이였음을 자책해 본다. 제1 정년은 사회가 또는 고용주인 타의에 의해서 결정되었으나 제2 정년은 자기가 결정한다 했으며, 제3정년은 신께서 하늘이 정해 주신다는 어느 학자의 말이 생각난다.

나의 정년은 55세로 직장이 정해 주어 타의에 의하여 불가항력적인 시기로 현업에서 은퇴한 지도 어언 20여 년이 지났다. 흔히 말하는 제2 후반기 인생이라 정의되는 의미를 두고 전반기 인생에서 정년 이후의 노년의 삶에 정년을 굳이 붙인다면, 65세부터 75세까지를 제1기 정년으로 정하고, 그 이후 85세까지 10년 기한은 스스로 결정하고 제2기의 정년으로 정하며, 그리고 하느님이 부르실 때까지 제3기 정년의 나이를 맞이할 수 있을 것이라고 생각된다.

심리학자의 말대로 후반기 인생을 65세부터 100세까지로 규정하고 66세부터 75세까지가 노년 초입기 인생이라 정의한다면 이 시기는 청소년 시기에 해당되고, 76세부터 85세까지가 제2기의 인생 노년기의 가장 왕성한 장년기라고 할 수 있으니 내가 자유롭게 결정하는 나의 제2 정년은 85세로 확정하고 소위 정열적인 왕성한 의욕으로 장년시절의 하루를 보내야 할 것이라 다짐해 보았다.

대부분 동년배의 학교 동창들과 주로 하는 대화의 줄거리는 항상 건강에 관한 내용이며, 다음은 자녀들에 관한 것들로 지병 때문에 일상생활에 불편함을 호소하고 또는 병원이나 약에 의존하며 고통을 줄이고 안락함을 얻겠다는 의지로 생활하고 있음을 쉽게 보고 듣고 하였다. 하나같이 마음으로 다스리는 치심(治心)의 방법은 머리로는 잘 알고 있으나 가슴으로 몸으로 실천하는 방법으로는 어렵고 힘들어 하며 또는 귀찮게 생각하여 병마와 싸우거나 허약해진 심신을 다시 일으키려는 의지는 쉽게 포기하며 새롭게 변화를 시도하는 모습은 드물게 보았다. 거의 일반적인 경향이라 해도 과언이 아니다.

며칠 전에 가까운 벗과 저녁을 함께하면서 너무 감격스럽고 존경스러운 생각이 들었으니 모처럼 먼 옛날 30~40대에 느껴보았던 꿈과 희망이 가득 담긴 정열적인 에너지가 새롭게 전해 옴을 느낄 수 있었다. 마치 다시 청춘을 맛보고 있는 느낌이었다. 현업에서 자영업(종합 건설회사)을 하면서도 힘들고 고통스러운 고비마다 희망을 걸고 새로운 변화를 위해 용기를 내며 지낸다고 했다. 그의 굳은 신념을 표현한다면 "오늘은 훗날의 내 역사를 만들어 주고 내일은 다른 날이다(tomorrow is another day)"라는 의미의 유익한 표현으로 목표와 꿈이 없이 사는 사람은 어리석은 인생이라 하지만 그는 꿈과 희망을 품고 살고 싶어서 바보인생이 되기 싫다고 했다.

비록 노년의 초입기에 들어선 75세의 나이인 친구의 말은 아주 신선하고 충격적이었으며 나를 기쁘게 하는 힘이 되었음을 고백하고 싶다. 영국의 처칠 수상이 옥스퍼드 대학 졸업생들에게 크게 감동을 주었던 연설 중에 "일생 동안 결코 포기하지 말라"는 유명한 이야기처럼 "계획을 세우고 잘게 나누어서 매일 실천하면 목표가 이루어지고 그 목표가 늘어 갈수록 꿈이 이루어진다"는 처칠 수상의 교훈적인 충고를 바로 가까운 벗에게서 들으면서 가을철에 무르익은 감이 홍시가 되어 입맛을 달콤하게 하는 감미로움을 느낄 수 있었으니 어찌 좋은 벗을 옆에 둔 신선한 축복이라 하지 않겠는가. 참으로 오랜만에 들어본 열정적인 대화 내용이었다.

평소에도 정열적인 삶으로 건강한 사회지도층 인사가 되어 소위 말해서 성공한 집단 속에 살아온 그 친구였으니 아직도 정신력이 돋보이고 지금도 아름답게 빛나는 생활 모습이라 나를 놀라게 했다. 더욱 나를 놀라게 한 것은 팔 근육이나 허벅다리의 근육이 마치 축구선수나 20대 운동선수처럼 단단한 것이 성공적인 삶의 증거였으며, 경제적으로 따진다면 대재벌이라 부를 만큼 돈이나 명예보다 건강을 제일 우선으로 삼은 노년의 세계에서 크게 성공한 체력을 유지하고 있어서 주변으로부터 부러움과 칭찬을 들어온 친구였다.

돌아보건대 나의 초라한 제1기 인생은 부모 슬하에서 청소년기의 신계(身計)를 위해 살아온 학창시절의 생활이 지나고 뜻을 세워 입계(立計)하여 직업을 선택하였고, 가족을 부양하는 가계(家計)의 삶은 비록 실패하였으나 다행스럽게도 당시의 고용주(조흥은행)의 뜻에 따라 제1 정년을 무사히 졸업하였으니, 이제 제2 정년을 앞에 두고 세월을 내 스스로 정년 기한을 자유로이 정해 본다면 85세까지 10여 년 동안 앞으로 열정을 쏟으며 오늘 하루부터 보람과 행복을 가득 가득 채워 보아야 하겠다. 보람을 찾을 수 있는 과정이 바로 행복한 길이라 생각되기 때문이다. 죽음의 사계(死計)를 위하여 하느님이 오라는 날 제3의 정년을 맞이할 때까지….

죽음의 모습

우주 속에서 모든 생명체는 반드시 죽음을 맞이하고 사라지고 있다. 우리 인간들 역시 우주의 법칙을 거스르지 못하고 한 생애를 마치고 있다. 영겁 속에 한 점의 순간이라고까지 표현되고 있기도 하다.

아무리 과학과 의학이 발달해도 생명의 길이를 조금 더 연장할 뿐 죽음을 피해 가는 방법을 찾아내지 못하고 있기 때문 영원히 살아가고 싶은 인간의 소망을 이루어 내지 못하고 있는 것이다. 나이가 들수록 이런 죽음의 모습을 어떻게 가장 행복하게 맞이할 수 있을까에 대한 여러 가지를 살펴보고 싶어진다.

우리 속담에 "죽음의 팔자가 한 생애의 반만큼의 무게가 있다"라고 해서 죽음이 반팔자라 했다. 그만큼 인간의 한평생 중에서 그 반이 어떻게 어느 모습으로 숨을 거두느냐가 절반을 차지한다는 의미가 아닐까 생각된다.

중국의 진시황은 죽음이 무섭고 싫어서 오래도록 살아갈 불로초를 구하는 일을 전담한 높은 벼슬자리를 만들어 온 나라 구석구석을 다니며 약을 구하라고 하였으니 죽음을 피하고 싶은 인간의 모습은 보통 사람인 우리네나 임금님이나 같음을 알 수 있다.

사람마다 장례식장에 다녀온 뒤에는 자신의 죽음을 한 번쯤은 생각해 보게 된다. 그 죽음의 모습이 여러 모습으로 세상에 알려져서 부러워하기도 하고 두려운 모습으로 사람들을 울적하게 만들기도 한다.

불꽃처럼 살다가 불꽃처럼 사라진 정열의 모습이 있었으니, 왕관도 버리고 사랑을 좇아 그 사랑하는 여인을 품에 안고 멀고먼 이국땅에서 숨을 거둔 영국 왕실의 윈저 공의 죽음 또한 한 편의 아름다운 그림 같은 모습이라 생각된다.

그러나 한편으로는 몸이 쇠약하여 오랜 세월 병마와 싸우며 연명해 가다 죽음을 맞이하는 지리멸렬한 모습이 있으며 '닥터 지바고'의 영화 속에서 그리운 애인 라라를 보고 그녀를 만나고 싶어 달리는 전차에서 뛰어내려 그녀 이름을 부르며 달려가다 길에 쓰러져 죽음을 맞이하는 지바고의 행복한 죽음 또한 하나의 또 다른 죽음의 모습이 아닐까.

가난한 아프리카의 천사 이태석 신부가 암과 투병하면서 비록 육신의 고통 속에서도 아프리카 땅의 배고픔과 병마에 고생하는 아이들의 치료를 위하여 걱정하는 모습 속에서 유명하는 성스러운 죽음 또한 아름다운 모습이라 할 것이다. 쉬운 표현으로 요즘 유행어로 '구십구 세까지 팔팔하게 살다가 이삼 일 만에 죽는다(9988234)'면 행복할 것이라 생각한다.

옛말에 인간의 복을 두고 죽음의 복을 '고종명(考終命)'이라 하여 오복 중에 하나로 꼽으며, 죽음의 모습을 장수하고 부자로 사는 것과 함께 으뜸으로 삼았으니 한두 시간 누워서 잠들 듯이 숨을 거두기를 희망하였음을 알 수 있다.

살아생전에 넓은 땅을 찾아 수만 리를 이사 다니면서 땅을 사고

팔며 드넓은 땅을 소유하였으나 더 많은 땅을 소유하고 싶어 러시아 동북부의 어느 벽지까지 찾아가 촌장의 제안에 따라 "언덕 위에서 눈에 보이는 곳까지 해가 지기 전에 걸어서 돌아오는 땅을 전부 당신에게 팔 수 있으니 그 끝에 푯말을 세우고 돌아와야 한다"는 조건으로 땅을 살 수 있다는 설명을 듣고 설레는 마음으로 계약을 하고 다음 날 아침 해가 뜰 때 출발을 하였다.

하루 종일 비옥한 땅을 밟으며 이제부터는 자기도 부자가 되었다는 생각으로 흐뭇해하면서 한 평이라도 더 많은 땅을 소유하고 싶어 조금 더 하는 욕심에서 온몸이 만신창이가 되도록 지친 몸을 이끌고 아침에 출발한 언덕을 코앞에 두고 끝내는 숨을 거두고 만다는 러시아 문호 톨스토이의 '사람은 무엇을 위하여 사는가'라는 소설 속의 주인공의 죽음 또한 욕심에 짓눌려 죽음에 이르는 또 다른 죽음의 참담한 모습이라 하겠다.

어느 날 잠자리에서 아름다운 꿈을 꾸다가 조용히 숨을 멎으며 떠나는 길이라면 얼마나 아름다울까. 그러나 죽음을 경험한 경험담도 들은 바 없고 죽음에 대하여 진실로 아는 사람이 없는 그야말로 미지의 것이기 때문에 나 혼자 가야 하는 외로운 길이라 허망한 이미지로 느껴지기만 한다. 더욱이 죽음 이후 어느 곳으로 가는지 몰라 혼란스럽고 두려우며 절망하는 경우가 있으나 사람마다 믿고 따르는 종교가 있기에 영적인 믿음으로 그 한계를 의지하며 맞이할 수밖에 없는 것이다.

희랍 신화에서 잠과 죽음은 일란성 쌍둥이 형제였다고 한다. 잠의 신 히프로스가 형인 죽음의 신 타나토스를 찾아 먼 길을 떠나 별나라를 여행하는 이야기가 있다. 수백 년, 수천 년을 가야 비로소 만날 수 있는 우주공간 속의 긴 여행인 것이다.

인간의 죽음의 길은 길고 긴 우주 속의 여행과 같이 잠에서 깨어나지 않고 쌍둥이 형인 죽음의 신을 찾아 길을 떠나는 것과 흡사하다고 한다. 그러나 반드시 맞이해야 할 죽음을 편안하게 받아들이고자 애쓰며 하느님과 부처님을 경배하고 그 가르침을 배우고 따르고 있다.

몸에 아무것도 지니지 못하고 생전에 소중하게 아끼고 모은 재물도 버리고 권세도 버리고 가족이나 친구도 버리고 오직 주머니도 없는 옷 한 벌 걸치고 떠나는 여행자의 모습일 뿐이다. 생전의 재물이 한순간의 욕심이었음을 죽음의 직전에 깨닫게 되고 생전의 권세도 명예도 한순간의 허영이었음을 깨닫게 되고 모든 것이 허망하다는 순리를 받아들이게 된다.

노인의 아름다운 죽음을 예술작품으로까지 표현한 시인 랠프 에머슨의 말이 아니더라도 모든 것을 포기하면 백 살까지 살 수 있으며 아름다운 죽음도 함께 맞이한다고 했으니 더 늦기 전에 버리는 연습을 해야 할 것이다.

진정으로 아름다운 죽음의 모습을 모두가 한 번쯤 생각해 보며 오늘의 삶을 거꾸로 살펴보아야 되겠다. 우리는 행복하게 살아 숨쉬고 오늘 하루를 보내고 있으며 앞으로 살아갈 날을 세어보며 지금까지 못다 한 일들이 있다면 두 배, 세 배로 열심히 살아야 하겠다. 시간은 늘려갈 수가 없으며 창고에다 저장할 수도, 마음속에다 메달아 놓을 수도 없기 때문이다.

내 쌍둥이별을 찾아 떠나는 멀고먼 여행길에서 지리멸렬하게 생명을 연장해 가는 삶이 아니길 희망하면서 몸도 마음도 가벼이 오늘도 내일도 걷고 뛰고 그리고 "수고하십니다, 감사합니다, 고맙습니다, 사랑합니다"를 마음과 입에 달고 살아가며 괴롭고 슬플 때는 하늘의 별을 보고 욕심을 줄이고, 울적할 때는 나무를 보고 꽃을 보면서 얼굴에 웃음을 담으면서, 마음을 희고 맑게 그릇 속의 조용한 물처럼 가지려 애쓰면서 하루를 가득 채우며 넉넉하게 살아야 하겠다.

개똥쑥

도로변이나 논두렁 밭두렁 들판 어디서나 쉽게 찾아볼 수 있는 쑥이 내 어린 시절에는 온통 천덕꾸러기로 취급받았으며 눈길 한번 받지 못했으나 그 쑥이 이젠 귀하고 값진 보약으로 탈바꿈해서 많은 사람들의 건강에 이바지하고 있다.

옛날에도 춘궁기에는 쑥밥과 쑥국을 끓여서 배를 채우기도 하며 된장과 버무려 쑥나물을 해서 반찬으로 먹었던 기억이 선명하다. 그윽한 쑥향기가 수십 년이 흐른 지금도 코끝에 스쳐 지나가고 있다. 산과 들의 가시밭이나 자갈밭에서도 쑥쑥 자라나며 생명력이 강해서 쑥이라고 부르는 모양이다.

쉽게 볼 수 있는 여러해살이풀로 식물도감에 보면 풀로 자라면서도 높이가 1.5m까지 크고 잎은 초록색이고 어긋나며 잎 뒤에는 하얀 털이 나 있어 희게 보이기도 한 약초로 그 효능은 동의보감에서 사람의 몸을 덥게 하여 냉혈이나 동맥경화에 그리고 위와 장의 운동을 원활하게 하여 소화작용을 돕는다고 한다. 여성의 생리작용을 도우며 복통과 설사를 멈추게 한다고 하며 혈압을 내리게 하고 지혈작용에 이롭다고 했다.

특히 얼마 전 KBS에서 개똥(개땅)쑥에 대해 설명하기를 그 효능이 항암효과에 탁월하다(미국 대학 연구팀이 발표, 기존 항암제보다 1,200배 효능 입증)는 발표가 있은 뒤 현대인에게 인기가 높아지고 있다. 옛날에도 개똥쑥이 널리 알려져 우리 조상들이 인진쑥이나 익모초를 부인병에 즐겨 애용한 기록을 볼 수 있다. 혈압과 당뇨에 시달리고 있는 현대인에게 인기가 좋아지고 있다.

며칠 전 평소 존경하는 선배께서 개똥쑥 즙을 한아름 보내주시면서 고혈압과 당뇨에 좋다며 건강을 염려해 주신 따뜻한 마음의 정이 담긴 선물을 받고 보니 여러 가지 생각에 잠기게 되었다.

길조라 불리는 까치도 어미에게 쑥을 물어다 먹여서 병든 어미의 건강을 회복하게 하는 효도의 생약이라는 전설이 있다. 우리 선조들에게 쑥은 상징적인 의미로 효도의 선물이었다.

그리스에서는 행운을 가져다주는 식물이라 해서 숭배를 받기도 했다는 기록이 있으며 정원에 심어 좋은 향기를 즐겼다고 한다. 쑥은 행복과 번영, 너그러움을 뜻하고 또는 불멸, 신성함을 의미하기도 한다. 프랑스에서는 향료나 양념으로 사용되기도 하고 특히 여성의 월경불순에 약초로도 사용되며 건위제(健胃劑)이자 흥분제이기도 하여 사랑을 받는다고 한다.

유년시절 아버지께서 우리 집 사랑채 앞뜰에 익모초(益母草)를 여러 그루 심어 기르셨는데 키가 1미터 이상 자란 후 베어서 햇볕에 말려 삶은 물을 온 가족에게 먹도록 한 일들이 떠오른다. 그때의 쓴맛이 지금도 생생하게 기억된다. '입에 쓴 약이 몸에 좋다'는 말씀을 하시며 가족 건강을 도모하였으니 꾹 참고 아버지의 명령에 어쩔 수 없이 따랐던 일들이 생각난다.

그러나 이젠 그 쑥을 달이고 끓일 때 감초, 대추, 계피 등 각종 배합물을 넣어 진한 냄새를 제거하고 달콤한 맛으로 변화시켜 어린

이도 쉽게 먹을 수 있도록 만들고 있으며 천대받은 쑥이 대량 재배되어서 농가소득에 이바지하는 특용작물이 되고 있는 현상이다. 특히 항암작용으로 그 명성을 자랑하고 있으니 개똥밭에 널리 자란 천한 대접을 받았던 쑥이 귀하고 값진 대우를 받는 귀족 풀이 되고 말았다.

그 옛날의 감회가 깊어지고 있다. 쑥은 옛날부터 달여서 부모님께 건강에 이바지하는 보약이라 하여 상징적 의미로 효도하는 약초로 불리기도 했다. 내 고향에서 효자로 칭송받으신 나의 아버님에 대한 생각이 나서 몇 가지 소개한다.

아버지 호(號)가 구애(求艾)로 쑥을 구하는 사람이라는 뜻으로 가까운 벗인 영남지방의 유명한 한학자이시며 경남 진주 태생의 서예가이자 문장가이신 박월초 선생께서 아버지의 효행을 칭송하여 호(號)를 선물하였다는 유래를 들은 바 있다.

내가 초등학교 3학년 때 실제로 내 할머니[祖母]께서 임종하자마자 아버지의 손가락을 방망이로 내리쳐 피를 내어 할머니께 단지(斷指)하신 모습을 직접 목격했다. 효도가 지극하신 분이었기에 고향 문중으로부터 이세효비(二世孝碑)를 조부님과 함께 받으셨다. 지금도 그 효비는 문중의 종묘에 세워져 있다.

그리고 조모님의 장지를 마을 뒷산에 가묘로 모시고 3년 동안 아침저녁으로 시묘살이를 하신 분이어서, 마을 아낙네들이 새벽에 물 길러 마을 앞 우물가에 왕래하는 시간을 아버님 시묘 참배길 시간을 피하여 엇갈리게 하느라 불편했다는 소문이 어린 내 귀에도 들려오고 하였던 기억이 새롭다.

유럽에서는 지금도 지렁이와 뱀을 쫓는 데 향이 짙은 쑥을 이용해서 무덤가에 쑥을 심어 흙 속으로 파고드는 벌레로부터 시신을 보호하고 집 안에 악취를 물리치는 식물로 귀한 대접을 받는다고 하니 우리나라에서도 쑥의 아름다운 전설이나 그 효능은 예부터 유용한 식물로 사랑받아 왔으며 특히 부모님께 효도할 수 있는 약용식물로 귀하게 대접받아 왔음을 알 수가 있다. 지천에 깔려 있는 쑥이 되어서 내가 쌓은 지식과 경험이 자라나는 후손들의 마음과 정신에 보약이 되었으면 하는 희망을 해본다.

자기를 점검하라

'잘한 일은 흐르는 강물에 새겨 두고 잘못한 일은 돌에 새겨 두라'는 속담이 있다. 좋은 일, 선한 일을 하고 남에게 칭찬을 들었을 때 기분이 우쭐거리고 남에게 인정받는 것에 사는 재미를 느끼게 되어 오래도록 그런 기분을 느끼고 싶어지는 것이 사람의 근원적 욕구일 것이다. 그러나 스스로 교만해지고 자만 속에 빠트릴 수 있어서 더 이상의 새로운 또 다른 일에 도전하고 더 유익한 일을 성취하려는 의욕을 묻어버리기 쉬워질 것이다.

어느 시점에 성공하고 남보다 한발 앞서서 가고 있는 사람들이 자기의 과업을 보고 기쁨에 도취하기보다는 흐르는 강물에 새겨서 흘려보내고 새로운 목표와 더 나은 성과를 얻기 위한 또 다른 시작을 해야 할 것이다. 과거의 잘못을 돌에 새겨 두며 오래도록 기억되게 하여 현재의 길잡이가 되도록 의미를 지녀 지난날의 실패가 성공의 어머니라는 격언을 한 번쯤 생각해야 할 것이다.

실패의 쓰라린 고통이야말로 성공의 열매를 맺는 훌륭한 밑거름인 것은 누구나 쉽게 경험할 수 있는 일이 되고 있다. 100세 시대에 접어든 지금 평균수명이 84세인데 직장에서 법정 정년이 60세가 되었다. 이때부터 은퇴 후 생활을 한다고 해도 기대수명 20년의 긴 세월을 어떻게 살아가야 할지를 한 번쯤 점검해 보아야 한다.

지금까지 가족들의 안위만을 위해 설혹 조연급으로 살아온 삶이라 해도 자녀들이 교육을 마치고 제각각 곁을 떠나 제 몫을 하며 독립생활을 하게 된 후의 쓸쓸함과 함께 찾아오는 것이 외로움이다.

이때부터 비로소 자신이 조연이 아닌 주연급이 되어서 살아가야 한다는 생각을 해보아야 할 것이다. 내가 할 수 있는 것이 무엇인지를 찾아내어 만들어 가야 한다는 생각으로 늦었으나 새로운 준비를 시작해야 할 것이라 생각된다.

토끼와 거북이가 나오는 이솝 우화에서 일찍 출발하여 껑충거리며 앞서 달려간 토끼가 중간에 자만에 빠져 지쳐 쉬고 있을 때 거북이의 끈질긴 인내와 노력이 결국에는 장거리 경주에서 승리의 웃음을 웃게 되는 토끼와 거북이의 영상을 그려보자. 우리 인생의 삶도 마침내 웃을 수 있는 자가 성공하고 승리한 인생임을 두 동물의 경주에서 설명해 주고 있다.

먼저 현재의 내 육신을 점검해 보자. 말할 수 있는 언어 능력과 볼 수 있고 들을 수 있는 시청각 능력이 있으며, 더욱이 걸을 수 있는 보행 능력은 아주 만족스러울 정도로 신체 조건이 완벽하고, 더불어 생각하고 과거를 기억할 수 있는 뇌 활동이 정상인 것이 얼마나 축복 받고 다행스러운 일인지 감사해야 할 것이다.

수조 개의 세포가 신비스러운 활동으로 생물학적인 높은 점수를 받을 수 있음이 형언할 수 없는 행복감을 느끼게 해주고 있다. 이를 바탕으로 더 나은 충만감을 얻을 수 있는 새로운 일을 시도해 보아야 할 것이다. 또 다른 한편으로 버리고 줄이면서 마음의 평온함을 지키고자 과거의 이기적인 마음과 독선적인 뿌리를 걷어내고 새롭게 배려와 이해의 씨앗을 뿌리고, 남을 먼저 이롭게 하고 나아가서 남을 위해 희생할 수 있는 열매를 거두고 싶은 마음이 일어나고 있다.

내 스스로 본능적으로 혈육에 대한 애정과 먼 훗날에까지 영향을 줄 수 있도록 자전적 수상집으로 밥상머리 훈계처방을 엮어서 두 편을 출판하여 할아버지의 문집을 이루어 놓았음이 자랑스럽지는 못해도 한 가닥의 흔적을 만들어 내는 데는 성공적이었다.

내가 진짜 주연급으로 기대수명 20년 동안의 즐겁고 알찬 여생을 즐길 바탕을 준비하면서 세기의 4대 성인들의 가르침을 높이 걸어 놓고 석가의 자비와 무념을 실행해 보고 싶으며, 공자의 인애와 예의 또한 곁에 두어 본받을 것이고, 예수님의 사랑과 구애를 조금이나마 실천하고자 애쓰고 싶으며, 소크라테스의 성찰과 자각으로 자신을 더욱 깊이 반성하도록 삶을 영위하고 싶은 소망을 품어 보고 싶어진다.

흔히 말하기를 20대에서는 발달 또는 발전이라는 의미로 앞으로 생활을 설계하고 있으나 80세 노인들에게는 퇴화해 가는 의미로 매사를 포기하고 방치하는 경향이 있다. 그러나 육체적 정신적 쇠락의 과정이 생물학적으로 쇠퇴하고 있다는 메커니즘에 따라 설정되고 있을 뿐 부정적인 고정관념인 노쇠, 치매, 질병, 죽음 같은 생각에 굴복하기보다는 긍정적인 고정관념으로의 방향전환이 반드시 용기 있게 요구되어야 하며, 오히려 성취 또는 기민한 창의성, 통찰력, 지혜 발달과 같은 개념을 고정화시키어 내는 노력이 필요하다고 믿는다.

내 경험으로는 20~30년 전의 혈기왕성했던 시절을 회상하고 추억해 보면서 현재의 기울어져 간 심신을 바로 추스르는 데 자극을 주게 되고, 젊은 시절의 생각이나 감정을 상기하면서 현재의 은둔하고 싶은 꺼져 가는 심리에서 탈출하고 외부로 몸과 마음을 이끌어낼 수 있게 되었다.

심리학자들이 말하는 플라시보 효과가 자신의 화려했던 시절 속에 현재의 심신을 던져 놓아서 새로운 의욕을 생성시키는 자극을 해주어 의욕이 샘솟고 활동적인 모습으로 변화시켜 준다고 한다. 노인 보호시설에서 불편 없는 생활을 하고 있을지라도 매일 기계처럼 반복되는 일상에서는 변화의 계기를 찾기 어려우며 의식을 집중하며 새로운 할 일을 구하기 어려울 것이다.

이런 경우 주변의 부정적인 고정관념에 자극되어 반대 현상이 일어나는 경우도 있다. 우리 자신의 노화에 대한 부정적인 기대는 다른 사람들 도움이나 의료시설이나 자식들의 고착된 기대심과 상호작용되어서 더욱 퇴화되고 침체되기 쉬워지나 오히려 스스로 독립을 선언한 노인들에게는 반발 심리를 유발시키어 자기의 충족이나 자기실현의 욕구를 발생시켜 기대 이상의 변화를 만들어 내게 되어 주변 사람을 놀라게 할 수도 있다고 본다.

우는 아버지 웃는 할아버지

항상 무거운 돌멩이를 등에 지고 힘들어 하며 땅만 보고 가는 사람처럼 어둡고 차디찬 젊은 세월을 보내버린 아버지는 한참 세월이 흐른 뒤에서야 홀가분하게 등짐을 내려놓고 고개를 들고 발길을 멈추어 서서 하늘을 쳐다보며 흘러가는 구름을 구경하셨다.

줄기차게 충직스럽게도 주인을 섬기며 따라다니는 자기 그림자를 물끄러미 관찰하며 귀를 기울여 그의 말을 듣기 시작했다. 어두운 밤이 되어 잠자리에 들기 전에는 불평이나 불만 없이 조용하게 주인님인 아버지를 지켜가고 있었다.

온통 먹칠한 검은 모습이었어도 구름 속에서 해가 떠오를 때는 어김없이 그림자가 뒤에 서거니 앞에 서거니 옆에 서거니 주인님이신 아버지를 지켜보며 조용한 자세로 함께하고 있었으나 마침내 용기를 내어서 입을 열기 시작했다. 정신이 몽롱해서 쾌락에 젖어 취해 있을 때도 잠깐 정신이 들어 걷고 뛰어다녀야 할 때도 소리 없이 아버지를 바로 곁에서 지켜보고 있었기에 아버지의 생활하는 모습을 일거수일투족 빠짐없이 너무도 자세하게 알 수 있었다.

아주 늦었다고 생각되는 세월이 흐른 뒤에서야 그림자가 입을 열고 아버지에게 참견하는 마음을 열고 못마땅해도 참고 견디어

왔던 일들을 하나 둘 부끄럼을 감추고 싶었던 일까지도 모두 꺼내서 이야기를 시작했다.

주인님, 당신은 욕심이 남보다 넘쳐나 당신 그릇이 적은 것을 모르고 살았습니다. 과욕은 불급이라 해서 넘치는 것은 모자란 것보다 못하다고 했지요. 작은 그릇에 많은 물을 쏟아 부어도 그 물은 넘쳐나 흘러버리며 단 한 시간도 간직할 수 없게 되지요. 그릇의 크기는 사람마다 다르기 때문이지요. 지금부터 하는 말들이 불만이라 해도 되고 또는 당신에게 충고를 하는 뜻이라 생각해도 상관없습니다. 누가 보아도 나는 당신과 함께 존재하는 공동 운명체로 당신이 생명을 유지하고 살아가는 동안 내가 곁에 있다는 사실을 부인할 수 없기 때문입니다.

한평생을 당신의 존재로 인해서 내가 더불어 살아온 감사한 의미로 주인님의 허물을 드러내 놓아야 할 내 진실한 마음을 이해하기 바랍니다.

먼 옛날 당신의 아들이 초등학교, 중고등학교의 졸업식에 한 번만이라도 참석해 축하를 함께 나눈 적이 없었으니 그때마다 당신을 뒤쫓고 있는 내 아픈 마음을 모르셨겠지요. 그 아들이 스스로 노력해서 형설의 학업을 이수한 것을 당신은 너무도 당연한 것으로 칭찬이나 따뜻한 격려를 건네주어 그들의 마음을 어루만져 준 사실이 있었던가요.

당신의 둘째 아이가 카세트를 마음대로 사용한 것을 부드러운 말로 타이르기 전에 노여움으로 소리 질렀을 때는 아무리 값비싼 스테레오 100대를 부수었어도 아깝지 않을 소중한 자식의 마음을 아프게 한 거친 행동이 너무 경악스럽고 혐오스러워 부끄러웠답니다.

내가 당신을 주인으로 섬기며 따라다닌 세월이 아깝고 창피스러워 당신을 떠나고 싶은 심정으로 지낸 고통을 모르시겠지요. 그래도 어떤 시절에는 몹쓸 병마에 휩싸여 백 발자국을 걷지 못하고 쉬어가야 하는 쇠잔한 육신을 버티어 낼 때 안쓰럽고 처참한 내 기분은 미움보다 연민으로 당신을 지켜볼 수밖에 없었답니다. 그림자가 할 수 있는 일이 없었으니 너무 안타까운 시절도 기억납니다. 그것을 지난날의 추억이라고 말할 수 있으니 다행스럽답니다. 그러나 책망만 하고 비판만 한다고 지난 일들이 바로 고쳐지고 치료될 수 없겠지요. 세월을 돌려놓을 수 없으니까요. 그래도 모질고 냉정한 충고를 겸허하게 받아들이며 인정해 가는 당신을 곁에서 지켜보면서 아무래도 나는 주인님의 존재 하에 태어난 그림자라는 사실이 우리는 하나의 운명체인가 봅니다.

이제는 주인님의 눈시울에서 소리 없이 울고 있는 모습에서 내 마음도 아파옵니다. 회한의 눈물이 어리석었던 아버지의 뼈저린 반성을 증명하고 있으리라 믿으니 조금 마음이 평온해지고 부드러워졌답니다.

아버지의 세월을 고개마다 오르고 내려가서 이제는 어느덧 할아버지의 세월 속에 또 다른 언덕길을 걸어가시는 당신의 뒤를 따르고 있네요. 저물어 가는 석양의 햇살은 내 몸집을 주인님 크기의 두 배로 만들고 맙니다. 멀리서 쳐다본 내 시력이 비록 정오의 햇빛으로 드리워진 주인님의 바로 옆에서 본 시력보다는 덜 정확해도 주인님의 굳어진 얼굴에 미소가 떠오르기 시작했기에 슬픔이나 고통의 흔적을 하나씩 지워가고 있으니 얼마나 다행스런 일인가요.

요즈음 해맑은 손자 목소리만 들어도 에너지가 솟아 살아있다는 맛을 느낄 수 있게 되었음을 나도 느끼고 있답니다. 할아버지가 갖는 유일한 명약이 손자들의 존재이니까요. 어린아이들을 볼 때마다 발길을 멈추고 넋 놓고 바라보면 미소가 불꽃처럼 온 얼굴에 타오르고 있으니 늙었으나 축복 받은 삶이라 믿어집니다.

당신의 그림자가 자랑스럽고 오랜 세월 참아온 것이 자랑스럽고 감사하기 그지없습니다.

이제는 "내 강아지 잘 있니?" 하는 할머니의 쩌렁쩌렁한 목소리에 에너지가 가득 실려 주인님의 마음을 기쁘게 만들어 얼굴 가득 미소가 넘쳐나는군요.

"나 세빈이는 강아지가 아니에요!" 하는 네 살짜리 손자의 대답이 신기하게도 곱고 아름다운 천사의 대답처럼 당신의 따뜻한 생각을 짐작합니다. 바로 웃고 사는 할아버지의 화려한 노년을 채우고 있는 삶의 한 부분이 되고 있네요.

노년 단상(斷想)

멀리 보이는 산등성이에는 잔설이 나목들의 사이사이에 쌓여 있어서 마치 늙은 아내의 머리를 보는 듯 마음이 싸하다. 젊은 날 머리숱이 많아서 그렇게 푸념하던 아내의 짙은 검은색 머리가 저 산등성이의 헐거운 모습과 겹쳐서 눈에 선하다. 지난 여름철에 그렇게도 풍성하게 빈틈없이 들어찬 푸른 나뭇잎들은 흔적도 없이 사라져 버리고 앙상한 가지들만이 옷을 벗은 채 추위에 떨며 서 있는 모습에 무상함을 느끼게 된다.

이제 천천히 아내의 머리를 자세하게 바라보니 하얀 잔 서리가 쌓여 있는 것처럼 듬성듬성 머리숱이 빠져서 흰 실 두피가 마치 겨울 산의 비탈진 골짜기에 여기저기 덜 녹은 눈의 쓸쓸한 모습과 어찌 그리 닮았는지.

그렇다 해도 계절이 바뀌고 세월이 지나면 자연의 순리대로 울창한 숲은 사라지고 메말라 버린 쓸쓸하고 썰렁한 지금의 모습이 되었으나 또다시 봄이 오고 여름이 되면 어김없이 온 산은 자연의 순리 따라 지난겨울의 쓸쓸했던 잔설의 모습은 사라지고 싱싱하고 푸르른 옛 모습이 될 것이나, 그것과는 달리 우리 인간에게는 봄이 오고 가을이 가고 겨울이 되어 세월이 갈수록 찌들고 병들어 누워 버리게 되는 가엾은 모습은 아무리 계절이 몇 번 바뀐다 한들 푸르고 왕성한 젊은 날은 결코 다시 오지 않음이 자연의 또 다른 순리라고 생각한다.

요즈음 안티에이징(anti-aging)이라는 새로운 용어가 유행이듯이 늙음에 저항하고 반항하고자 한다는 의미일 것이다.

그러나 거부할 수 없는 현실에 몸부림의 모습일 뿐 공평하게 누구나 맞이해야 하는 늙음은 우주의 섭리이다. 나이 들어 만년에 죽음을 예견하고 의식하며 맞이하는가 하면, 젊었음에도 예고 없이 불공평하게 죽음이라는 손님이 찾아오는 경우가 있으니 병든 환자만이 시한부 인생이라 의식하며 살지만 안타깝게도 만년의 대부분 노인들은 먼 남의 일처럼 그런 시간을 떠올리며 살기를 싫어하고 있다.

아무리 과학과 의학기술이 발달한 현대에도 그것은 인간의 수명과 건강을 조금 연장하는 데 불과하지 원래 상태로 되돌려 놓을 수는 없기에 나이가 들어 피부가 노화되어 얼굴에 주름이 지고 머리숱이 빠지며 세어져 가는 현상은 지극히 당연한 순서이고 흐름이 아니겠는가.

내가 하고 싶은 대로 하고 살았다고 만족해하는 사람은 없다. 죽기 전에 충분히 잘 살아왔다고 자랑할 수 있는 사람이 과연 있을 수 있는지 궁금하다. 누구나 미련을 남기고 떠나는 것이 보통 인생이다. 체념이라는 기술과 연습을 해온 사람만이 후회를 덜하고 떠날 수 있는 것이다.

요즘 들어 잠자는 아내의 늙은 모습에서 낮에 본 산등성의 나무들 모습이 겹쳐지면서 서글픔으로 마음을 적시게 되어 찬바람의 울적함으로 바뀌게 된다.

운동을 좀 심하게 해서 잠결에 코를 고는 모습은 늘상 겪는 일이지만 무호흡증으로 잠깐 숨을 멈추는 현상에 소스라치게 놀라는 경우가 흔하다. 마치 죽음으로 가는 연습으로 숨이 잠깐씩 멈춘다고 생각할 때 죽음을 눈앞에 두고 그 사실을 받아들이는 사람만이 단정한 모습으로 숨을 거둔다고 했으니 반듯이 누운 아내의 모습이 평온해 보인다. 생전의 기분이나 마음, 습관, 감정 등에서 생겨나는 독소를 모두 배출시키고 편안한 모습으로 눈을 감을 수 있도록 소망하는 것이 참으로 영혼을 잠재우는 최선인 것을 그녀와 난들 어찌 소망하지 않을 것인가.

한발 나아가 서양에서는 신이 사랑하는 아가페의 삶이 바로 숭고한 삶이라 평하지 않았는가. 무엇을 바라고 사랑하고 위하며 그 보답을 기대하며 자식들을 사랑하며, 더 나아가 손자에게는 지고하리만큼 무서운 사랑을 퍼주는 우리 노인들의 마음이 아름답다고 표현하기에 부족하지 않을까.

상대의 저항이나 반항도 거부하지 않으며 오직 주는 사랑만이 세상에 흔적을 남기고 남에게 유익한 존재의 가치를 남겨놓을 수 있다고 했으니 황혼을 걷는 사람들에게 한 번쯤 되새겨 볼 일이라 생각된다. 덜어내고 씻어내고 비우려고 애쓰는 연습으로 한편에서는 가벼워지고 홀가분해진 마음이 신선한 기분을 느끼게 될 것이다.

그동안 나를 묶어 놓은 마음의 족쇄를 풀고 가벼운 발걸음으로 죽음 곁으로 걸어가는 상상을 해 볼 때 마치 하늘나라의 계단을 사뿐하게 오르는 통쾌함을 느낄 수 있지 않을까. 죽음을 기다리는 마지막을 의식하며 숨을 멈추는 순간 직전의 인간에게는 아드레날

린이 대량 방출되어서 마음을 평안하게 해주어 얼굴 모습이 평온해진다는 의학 잡지를 본 적이 있다. 평화스런 모습으로 세상과 이별할 수 있도록 그동안의 어리석고 잘못 살아오는 것을 뉘우치며 정갈하게 마음을 씻을 때 행복한 이별이 될 것이라 믿는다.

지난 젊은 시절 쉽게 경험했었던 분노와 질투로 남을 의심하고 나아가 남에게 화를 내고 사자처럼 미쳐 날뛰는 포악한 행동들이 자신은 물론 이웃과 자녀들의 성장과 삶에 나쁜 영향을 주었음을 늦게라도 깨달았으니 이제는 진실한 반성으로 과거를 뉘우치고 그 슬픔과 상처를 치유하고 다스려 나아가는 길이 슬기로운 처사라 생각된다.

자기가 죽은 후 재물이나 어떤 명성을 남기려고 애쓰는 사람들이 있다. 그러나 그 재물을 받아 쓰고 그 명성을 기억하고 있는 사람들도 그를 따르고 그를 닮고자 하는 자들도 죽게 되며 또 그 뒤를 이은 사람도 죽음을 따르게 되니 마치 한동안 불타오르다 꺼져버린 관솔불처럼 그에 관한 기억들이 얼마큼 전해지다가 마침내 사라져 버린다는 사실이다.

살아있을 때 칭찬이나 부러움을 받았다고 해도 죽은 자에게는 아무것도 아니며 그저 허공에 메아리처럼 금세 사라지고 만다. 기억되는 자이거나 기억하는 자들 간에 모든 것들이 덧없기 짝이 없다. 인생은 짧다. 칭찬하는 자나 칭찬을 받는 자나 또는 기억되거나 기억하는 자들 모두가 잠시 세상에 머물 뿐이다.

이 세상의 조그만 한 모퉁이에서 일어나는 순간의 흔적일 뿐이다. 온 우주 속의 지구에 사는 모든 생물체 자체가 한 점에 불과하기 때문일 것이다.

사랑하는 사람들

• • •

손자들에게는 겸양과 자애로운 옷을 입은 모습으로 기억되고
할아버지의 값진 유산으로 남겨지도록
살아야 하지 않을까…

사랑하는 즐거움

목소리만 들어도 설레고
보고 있으면 더욱 기쁨을 주는 사람
발걸음마다 그리움을 담아 파장을 보내어
둘이의 마음이 자기 공명을 일으키니
기쁨이 두 배, 세 배로 하늘 가득히 커져 가네

그놈의 목소리만으로 즐거움이 가득하니
신이 만들어 내신 천륜의 증표로 새겨지고 있네
소유와 집착의 사랑에 고통과 번민이 뒤따른다 했으나
있는 듯 없는 듯 서로 멀리 떨어져 있어도

조물주는 바람에 실어 오고 실어 나르는
마음의 파장만으로 사랑의 즐거움을 누릴 수 있게
인간들에게 가르쳐 주셨네.

— 산길에서 손자의 전화를 받고

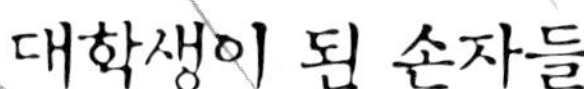

대학생이 된 손자들

체중이 50kg를 넘어서 이제는 품에 안고 들어 올리는 기쁨이 사라져 버렸으니 서운한 할아버지의 마음을 이놈들은 모르리라.

이십 년 전 할아버지 집에 다니러 올 때마다 현관에서 매달려 품에 안고 들어 올리는 무게가 다르게 느껴질 때마다 대견하고 흐뭇한 즐거운 기쁨을 선사해 주곤 했던 그놈들의 어린 시절이 아스라이 추억으로 자리 잡고 만다.

미국에서 초등, 중등 교육을 마쳤으니 이제는 성년으로 탈바꿈하여 모자는 챙을 뒤로 바꾸어 쓰고, 귀에는 피어싱까지 하고, 마치 뒷골목을 누비는 히피족처럼 흉내 내면서 서구 문화의식으로 변해 버린 손자가 반가워하는 할아버지에게 포옹을 하며 손을 내밀며 악수로 인사를 청하고 있으니 내 의식으로는 상상도 할 수 없는 모습으로 변해 버렸다.

아직도 내 머릿속에 자리하고 있는 철부지 재롱둥이가 산전벽해처럼 변하여 행여 돌연변이 자손이 되어 버린 기막힌 팔자가 아닌가 두렵기만 하였으나 냉정하고 씩씩한 어른으로 놀랍게 성장해 가고 있는 과정이니 자연스러운 현상이라는 설명에 한숨을 놓을 수밖에….

놀랍게 변화를 맞이한 올해의 우리 가족 여름방학 휴가는 이렇게 시작이 되었다.

큰아이는 의학을 공부하는 평탄한 안정된 직업을 선택하였으니 여성으로 매우 적합하다는 할아비의 소망을 이루었으나 사내아이 손자는 역사학과 정치학을 전공한다고 하여 불안하고 염려스러운 장래를 걱정하는 노파심으로 밥상머리 교육을 못 해본 할아버지의 자책감이 스민다.

모든 자식들이 귀하고 소중한 존재임에 틀림없으나 서울에 살고 있는 막내 손자는 더욱 사랑스러운 맛으로 종종 목소리라도 듣고 가끔 얼굴이라도 볼 수 있어 아주 다행스럽다.

며느리에게 당부하고 싶은 욕심으로 어미의 본능적인 자식 사랑에 앞서 훌륭하게 자식을 키워내기 위해서는 하루에 몇 분간이라도 아이를 중심으로 사색하고 연구해야 할 것이라고 고루할지언정 시아비의 염원을 전달한 바 있다.

비록 학교에서 최고 학부를 마치고 학위가 아무리 높다 하여도 동물적으로 물리적인 자식 양육이야 기본적일지언정 정신적인 양육에 필요한 어미의 자질 향상은 항상 모자라고 비어 있어 채우고 또 채우고 하여 아이와 함께 성장해야 하리라 생각해 본다.

스스로 깨우치고 알아가며 성장하는 사람이 있다 해도 대부분 열심히 배우고 어렵게 실행하며 성장해 가는 길이 보통 가정의 아이들이기에 지금 유치원생인 손자 놈의 교육과 양육의 과제들을 고민하고 연구하여서 미국에 있는 형들의 뒤를 따르며 할아버지를 잠시나마 놀라게 하지 않았으면 한다.

대학의 프레쉬맨 시절의 자유분방한 생활이 여러 가지 경험의 바탕이 되어 주춧돌 위의 한옥 나무 기둥처럼 약간의 태풍이나 지진에도 진동을 흡수할 수 있는 능력을 배양했으면 하는 바램으로 큰 손자의 변화된 모습을 이해하고 싶어진다. 또한 한편으로 돌을 다듬고 깎는 어려움보다 시멘트로 반듯하게 만들어진 주춧돌 위 기둥은 약간의 지진에도 모두가 한 방향으로 쉽게 넘어지고 만다는 물리적 현상처럼 정형화된 교육으로 기르고 있는 손자 세빈이의 양육이 한편으로 염려를 낳고 있으니 할아버지의 갈래갈래 욕심과 희망을 어떻게 묶어 두어야 할지 안개가 자욱하여 묘연할 뿐이다.

흔히 자기가 좋아하고 하고 싶은 분야를 선택하는 길이 최선이라는 교육학자가 주장하는 소위 왕도의 교육지침을 들은 바 있으나 나는 생각이 좀 다르다. 유아시절에 꿈을 심어주고 그 꿈을 이루어 가는 길고 긴 과정을 곁에서 지켜주며 격려하고 나아가서는 채찍질하면서 보통 아이보다 두 배 세 배의 피나는 노력과 훈련이 빈드시 뒤따라야 한다고 믿는다. 자기가 즐기며 할 수 있는 일을 찾을 때는 이미 늦어서 보통의 아이들과 다르지 않게 되어 우뚝 솟은 세계적인 인재로는 성장할 수 없게 되고 만다. 유아 시기부터 매섭고 혹독한 어미의 교육 속에 자란 훌륭한 인재들의 성공적인 교육일화가 입증하고 있지 않은가.

세상 할아버지의 소망은 거의 한결같이 건강하고 영광스런 후손들의 일생을 갈망하며 나아가 가문을 빛내주기를 소망하리라 생각한다. 사랑하는 며느리에게는 너무 힘든 과제이며 숙제가 아닐까.

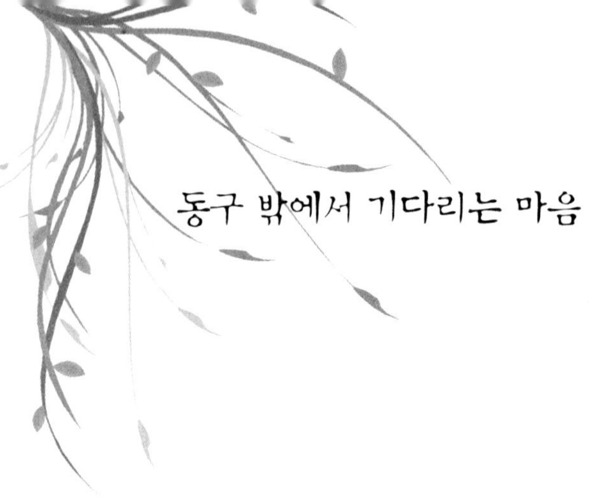

동구 밖에서 기다리는 마음

태어나고 자란 고향 마을을 떠나 객지에서 유학을 해본 사람이라면 방학 때마다 부모님 곁으로 오게 된다. 여름방학 때나 겨울방학이 시작되기 전 부모님께 편지를 보내며 상봉을 기약하게 된다. 나도 광주에서 두 시간을 내려와 고향집을 가곤 했다.

옛날에는 지방 국도에만 버스가 다니던 시절이라 버스에서 내려 마을 앞까지는 5리나 되니 반시간을 걸어야 집에 도착하게 되었다. 지금은 마을 앞까지 관내 버스가 들어와서 걷는 일이 없으나 십여 년 전만 해도 버스정류장에서 마을까지는 반시간 정도 자갈밭 길을 걸을 수밖에 없었다. 아버지와 어머니는 들에 나가 일을 하시기 때문에 동구 밖까지 마중 나오는 일은 할머니, 할아버지 몫이 되었다. 요즈음도 성묘길이나 행사가 있어 고향을 찾아갈 때마다 동구 밖을 지나치려면 할머니, 할아버지의 모습이 떠오르며 짝사랑을 건네주었던 아름답고 따뜻한 기운을 느껴본다.

눈에 아른거리며 움직이는 물체로 보이는 할머니의 모습이 마을 앞 동구 밖에 서서히 나타나기 시작하면 설레는 마음이 몸을 더 빠르게 몰고 갔다.

할아버지 할머니는 손자의 형체가 점점 뚜렷해지는 모습에 반갑고 기쁨으로 가득 찬 흥분된 마음으로 인해 온 몸에 힘이 솟아오르게 되고 팔을 들어서 크게 저으며 그리운 이름을 불러대셨다.

그 마음은 마치 짝사랑으로 쏟아내는 따뜻한 모습이 틀림없음을 이제야 알게 됐다. 내가 할아버지가 되고서야 이제야 그분들의 마음을 짐작해 본다. 아들 딸 키울 때는 바쁘게 살기에 애틋한 사랑을 느껴보지 못했다는 이야기를 많이 들었으나 나이가 들어 할아버지가 되고 할머니가 되어서야 그 의미를 알게 되었다.

요즈음의 혼탁한 사회 분위기 속에서 받지 못해서 섭섭하고 더 많이 받지 못해서 안절부절못하며 다투고 원망하는 경우는 있어도, 더 많이 주지 못해서 안달하는 동구 밖에서 기다리는 할머니, 할아버지 마음으로 우리 사회가 가득했으면 얼마나 아름다울까.

승용차로 한 시간 거리에서 살고 있는 아들 가족이 주말에는 한 번씩 할머니 댁을 찾아오기에 아들과 며느리의 생각보다 앞서서 아침부터 손자를 맞이하고자 방과 마루를 쓸고 닦는 할머니의 모습에도 짝사랑으로 가득한 손자에 대한 마음이 완연하다. 할아버지인 나는 현관문 앞에 낙엽들을 쓸어내고 집 앞 공터에 아들 내외의 차량을 주차할 수 있는 공간을 둘러보게 된다.

지금 어디쯤에 왔을까? 오는 길에 행여 교통이 혼잡하지 않을까? 이런저런 생각으로 손자가 대문을 열며 "할아버지~" 하고 외치는 목소리를 그려 보면서 마음이 설레고 있다.

올 때마다 손자를 들어 안으며 품 안에 넣어보는 기쁨을 미리 상상해 보는 즐거움을 누린다. 몸무게가 점점 무거워져 쇳덩이처럼 씩씩하게 자라준 손자에게 고맙고 감사한 마음이다. 당연히 신장과 체중이 다르게 변하는 사실인데 유독 내 손자만이 할아버지를 위해서 자라준다는 상상으로 미소 짓고 만다.

머지않아 손자가 중학생이 되어 청소년이 되고 할아버지의 팔힘이 쇠약해져 그때에는 안아주지도 못하는 서운함 같은 것이 일어난다 해도 한순간일 뿐 그래도 씩씩하게만 자라다오 하는 짝사랑하는 마음뿐이다. 냄새도 없으며 소리도 없고 더욱이나 형체도 없는 사랑하는 마음은 지식이 높은 사람이나 배우지 못한 사람이나 부자인 사람이나 가난한 할아버지이거나 끝없이 쏟아지는 짝사랑하는 마음이 손자에게 가득할 때 그 행복한 느낌이야말로 인간뿐만 아니라 모든 동물에게도 한결같으리라. 종족 보존의 본능인 자연의 섭리가 아닐까.

반세기 전에 동구 밖에서 기다리는 할아버지, 할머니 마음이 또 반세기가 흐른 뒤에 내 손자가 할아버지가 돼서 기다리는 내 증손자, 고손자들에게 쏟아내는 마음 또한 짝사랑으로 이어질 것이 분명하다. 이것이 수백 년, 수천 년 이어져 내려온 천륜의 흐름이고 자연의 신비스러운 이치가 아니겠는가.

밸런타인데이 그리고 화이트데이

일 년 365일 중에 어느 특정한 날을 기념일로 지정하여 그날을 축하하고 즐겁게 기념하며 하루를 보내고 있는 것이 비록 현대에서만 일어나는 일이 아니다. 우리 조상들도 옛부터 각종 기념일을 정하고 그날을 색다르게 보내는 풍습이 있었음을 알 수가 있다.

우선 요즘 젊은 사람들에게 유행하고 있는 남녀 간의 애정 고백이라는 의미를 두어 밸런타인데이(2월 14일) 또는 화이트데이(3월 14일)를 만들어서 매년 그날이 되면 꽃바구니를 선물하고 사탕과 초콜릿을 선물하며 마음을 고백하고 있다. 서양에서 밸런타인데이에는 여자가 남자에게 감추어 두었던 마음을 선물로 포장해서 건네주고, 화이트데이는 남자가 여자에게 사랑을 고백한다고 하나 사실은 스승에게는 존경과 감사의 마음을, 어버이에게는 낳아주시고 길러 주신 사랑과 고마운 마음을 담아서 꽃이나 사탕을 예쁘게 포장해서 건네줌으로 은은한 정을 표하는 행사로 또 다른 그 의미가 있다고 한다.

우리 조상들 역시 7월 7일(음력)을 칠석 명절로 정하고 견우(남성 상징 별)와 직녀(여성 상징 별)가 서로 멀리서 바라보며 그리워하다가 하루를 정해 서로 만나기 위한 날로, 칠석날에는 길조인 까치가 다리를 놓아주었다고 한다. 그래서 칠석날 두 별이 만나고 헤어질 때는 반가운 눈물이 아쉬운 석별의 눈물이 비가 되어 내린다는 전설이 있다.

내가 젊은 날에는 밸런타인데이 또는 화이트데이라 하는 풍습이 없었기에 지금은 어쩌면 생소하기도 하고 몸에 맞지 않은 헐렁한 옷을 걸치고 있는 것처럼 어색하고 딴 나라 풍습을 보는 것 같은 느낌이었다. 그러나 어제 내 사랑하는 며느리가 초콜릿 바구니 하나를 손자 편에 보냈다. 나는 평소와 다름없이 과자나 빵을 사온 것이라 생각하며 무심코 봉지를 뜯고 사탕 하나를 먹고 말았다. 이를 말없이 지켜보던 손자가 말했다.

"할아버지, 그 초콜릿이 밸런타인 선물이랍니다. 엄마가 주었어요."

그 말을 듣고 만감이 교차하여 늙어 가는 고목에게도 새순이 싹트는 새봄이 왔다는 묘한 기분을 감출 수 없었다. 오늘(2월 14일)이 밸런타인데이라는 사실을 모르고 지내며 더욱이 과자나 사탕의 선물은 젊은 남녀 간의 애정 표현이며 처음 사랑을 고백할 때 보내는 행위로만 알고 있는 내 상식에 가두어진 스스로가 부끄럽기만 하였다.

나이가 들어 며느리를 보고 손자를 보며 노년을 아름답게 보내는 사람들이라면 시아버지에게 보내는 며느리의 기특한 마음이야말로 어찌 고맙고 아름답지 않겠는가. 고맙고 행복한 생활이 바로 이런 것이 아닐까 생각해 본다. 어버이날에 자손들이 카네이션 꽃을 가슴에 달아주며 어버이 은혜에 감사하는 향기로운 모습을 수십 년 동안 행하여진 풍습으로 자리 잡아오고 있었으나 아직까지 화이트데이나 밸런타인데이에 꽃을 선물하고 과자를 보내는 최첨단 예식에는 아직도 생소하고 어설픔이 늙은 나에게는 새롭고 감미로울 수밖에 없었다.

2월 14일 밸런타인데이에 사랑하는 며느리에게 볼품없는 시아비가 초콜릿 선물을 받았으니 3월 14일(화이트데이)에는 꼭 내가 사랑스런 며느리에게 용기를 내어서 선물을 하리라 굳게 마음먹고 우선 전화와 메일로 따뜻한 마음을 먼저 보내었다.

살아가며 누굴 원망도 하지 말고 누굴 부러워도 하지 말며 주어진 사소한 일에도 감사하고 그런 마음을 채우고 사는 것이 분명 행복한 생활이라는 러시아의 문호 도스토예프스키의 말이 새삼 생각나서 내 자식들에게 보내고 내게도 흠뻑 젖어들어 마음에 가득 채워지고 다가서고 있음을 깨닫게 되었다.

피를 서로 나눈 혈연이 아닌 가슴으로 맺어진 가족 간의 사랑이 바로 며느리와 시어머니 사이며, 며느리와 시아버지의 관계일진대 내 가족들의 두텁고 끈끈한 사랑의 매듭이 바로 화목한 가정의 텃밭을 만들어 낸 것이 너무 감사하고 만족스럽고 축복받은 말년의 인생을 채워 가고 있다고 자랑하고 싶은 마음이다.

이런 노년의 삶이 화려한 인생의 모습이며 묵향보다 더 진하고 난향보다 더 감미로운 내 노년의 향기라 생각한다.

벗 찬홍에게

어제 반가운 자네와 헤어진 뒤 도서관 고갯길을 내려오면서 많은 생각을 해보았네. 바위처럼 무거운 짐을 지고 있으면서도 평온한 얼굴로 나를 대하는 힘들고 고통스러운 자네 속마음을 헤아려 보았다네. 슬픔을 나누면 반으로 줄어든다지만 무슨 말로도 위로해 줄 수 없는 얄고 가벼운 내가 원망스럽고 죄스러웠다네.

자연의 섭리에 순응하여야 함을 잘 알면서도 막상 목전에 주어진 무서운 형벌을 외면하고 싶고 피하고 싶은 것이 욕심일 테지만 거역할 수 없는 것이 우리의 인생 아닌가.

그래도 다행스러운 것은 자네는 영혼을 의지하고 육신을 구원해 주시는 전능하신 권능의 그리스도가 계시기에 그분의 부름과 인도를 기쁨으로 기꺼이 따르리라 믿고 있네. 주기도문 중 시편의 90절을 낭독하는 목회자의 추도사를 들으며 가슴에 너무 다가와 지금도 생생하게 기억되고 있으니 훗날 들추어 보게나.

아무리 백세 시대에 살고 있다 해도 영겁의 세월에선 우리의 한평생은 한 점의 먼지이고 한순간의 찰나에 불과한 것이 아닌가. 그 속에서 아둥거리고 바둥거리는 일이 어찌 대수로운 일이겠는가. 이미 가까웠던 벗이 우리 곁을 떠나버려 남은 우리가 그를 추억하고만 있을 뿐 모두 정해진 방정식대로 앞서거니 뒤서거니 한길 한 곳으로만 길을 가고 있는 운명 아닌가.

앞서 먼저 간 사람을 그리워만 하고 비통하게 주저앉아 아픔을 안고 눈물을 흘리고만 있을 수 없지 않은가. 남아있는 우리가 그를 추억하고 명복을 빌 뿐 달리 도리가 없는 것이 인생이기에 체념하며 마음을 비우고 이미 담담하게 자네의 아픈 마음을 삭이고 생각을 정리한 자네의 모습에서 숭고한 믿음이 묻어나고 있음을 보았다네.

정말로 감사하고 따뜻하고 다정다감한 자네의 덕성 속에 냉철한 강함이 나를 숙연하게 만들었고 나아가 존경심이 일었다네. 내가 천박한 가벼운 마음으로 위로한답시고 감히 건방을 떨 수가 없음을 접어 이해하시게나.

내게도 요즘 무섭게 밀려오는 고독과 외로움 같은 습한 기운의 먹구름이 괴물처럼 내 심신을 괴롭히고 있어서 미로를 헤매고 있는 나날들이라네.

지난번에 출판사에서 의뢰받은 노년에 관한 글 몇 편을 준비하다 보니 나타난 현상이라고 체념하면서 무슨 계절의 날씨처럼 따뜻한 봄철이 오면 구름이 걷히고 햇빛을 받을 수 있으리라 희망해본다네.

여행을 다녀와서 또 만나보세. 부디 더욱 건강하시게. 소식다동(少食多動) 하시게나.

사랑하는 아들 상호 보아라

아들이라는 호칭과 네 얼굴이 함께 겹쳐 떠오를 때는 기쁨으로 가슴이 가득하여 행복한 마음이 일고 있구나. 이것이 세상 모든 아비들의 마음이란다. 세상 사람들이 누구나 자식을 낳아서 기르고 가르칠 수 있는 자식들이 존재하는 것 자체가 부모에게는 행복한 으뜸의 요소일진대 나 또한 너를 생각하고 네 이름을 불러 보면 나만 누리는 축복이고 영광을 안은 듯하여 최상의 엔도르핀이 생성되고 있음을 느낀다.

자라면서 아비에게 실망이나 아픔을 주지 않으며 잘 자라준 것이 한없이 고맙고 감사하며 성품 또한 따뜻하고 부드러워서 주변에서 칭찬하고 있으니 그 또한 자랑스럽고 다행스럽구나.

어느덧 세월이 흘러 약관이 지나고 입지의 나이에 이르러서 히포크라테스의 이념을 선서하며 출발한 너의 삶이 지극히 윤리적이며 봉사와 희생으로 높은 도덕적인 모습으로 한평생을 보낼 수 있게 되었으니 한 인간의 평생 사업으로 평가한다면 얼마나 자랑스럽고 다행스러운 사업인가를 아비는 긍지를 느끼며 끝없는 성원을 보내고 있다.

인간의 생명을 보살피며 일생을 의사로 살아갈 수 있는 일이 직업적인 차원을 떠나서 축복받는 사업일지라도 다른 사람들에게는 선망이나 시기의 대상이 될 수도 있음을 명심하고 다른 길을 걷고 있는 사람들도 나름의 소중한 가치가 있다는 사실을 인정하면서 항상 겸양하고 배려하는 마음을 잃지 않아야 할 것이다.

자신을 소중하게 여기고 사랑한 자긍심이 스스로 한 단계 더 높이 발전시킬 수 있는 의욕을 생성시키어 내기도 하여 긍정적인 효과를 아비도 간절하게 희망하고 있으나 다른 한편으로 자만이나 교만으로 인한 역풍을 일으킬 수 있음을 우려하게도 되는구나. 주변의 질시와 시기가 찬바람이 되고 운 사납게도 모함이라는 폭풍을 맞이할 수도 있음을 항상 염두에 두어야 할 것이다. 자신을 낮추고 낮추어서 상대가 경계하지 않도록 상대의 마음을 평안하게 갖도록 애쓰기 바란다.

2,500년 전 의성(醫聖)이라 불린 히포크라테스의 전기를 보니 외과의사임에도 환자의 소변을 맛보며 대변 색을 관찰해서 질병을 진찰했으며 병이 완치된 연후에 치료비를 받았다고 한다. 그를 존경하고 따르는 시민들에게 거의 성인으로 추대받았다는 사실은 환자와 그의 가족들에게는 사랑하는 자비심으로 내 부모와 내 가족을 돌보듯 치료하고 보살피는 마음을 지녔기 때문이 아니냐. 항상 깊이 새기며 보내길 바란다.

노년이 되어서야 지난날 잘못을 하나 둘씩 서서히 깨달아지는 아쉬움이 클 때마다 노파심이지만 너만은 그런 전철을 피할 수 있도록 당부하고 싶은 욕심이 드는구나.

그것이 꼭 빛나는 과업이나 큰 공을 이루어 내는 멀리 있는 일이 아닌 평범한 일상생활 속에서 살펴가야 할 쉬운 일들을 지나치지 말아야 하는 일이다.

제일 걱정되는 중요한 일은 너에게 당뇨와 혈압에 검은 그림자가 드리워졌다 하니 기필코 걷어 내기 바란다. 불행하게도 가족력에 의한 증상이겠으나 하루에 만 보 정도를 움직이면 너무 쉽게 해결할 수 있는 문제가 아니냐. 내가 간절하게 소망하고 있는 바가 그것뿐이다.

요즘 도서관에 자주 가면서 자못 아쉬운 일은 너희들이 초등학생 시절에 한 번도 아비와 함께 책 읽는 모습을 보이지 못한 것이 미안하고 죄스러울 뿐이다.

욕심을 조금 더 부린다면 독서하는 습관을 만들어라. 그런 모습을 세빈이가 보고 본받을 수 있는 무언의 교육의 왕도이기 때문이다.

손자와 함께 쓰는 노트

손자가 오는 날에는 거실의 모양이 변하기 시작한다. 대물림한 장난감이 여기 저기 이사를 다니기 시작하고 야구 방망이나 야구공이 마루 끝에 걸쳐 있기도 하며 조용한 거실이 시골 풍물시장 모습으로 변하고 만다.

여섯 살 사내아이라서 커가면서 야구며 축구며 뛰어노는 놀이에 흥미가 많아지고 있어서 몇 년 전만 해도 자동차 놀이와 탑 쌓기 등 조용한 분위기로 할머니와의 카드놀이까지 한 몫을 하여 비교적 숫자와 한글을 깨우칠 수 있었다. 이제는 조용히 앉아서 놀이하는 모습이 사라지고 있어 씩씩하고 건강하게만 자라주기를 할아버지는 바랄 뿐이니 한 발 나아가 동화책을 읽고 위인전기를 읽어주기를 은근하게 기대하는 욕심은 허공에 날려버릴 수밖에….

아침마다 내가 즐겨 찾는 산자락에 홍송(紅松) 몇 그루가 품격 있게 버티고 있다. 일반 소나무 흑송(黑松) 가운데서 값지고 귀하게 돋보이고 있어 해가 지날수록 밑동에서부터 검은색 껍질이 점점 옅은 분홍색으로 변하고 한 몸이 두 가지 색의 옷을 걸치고 있는 모습이 되어 가고 있다.

원래 바탕의 씨앗이 홍송이었음에도 처음에는 검은 껍질 옷을 입고 태어나서 오랜 세월 해가 지나 성장할수록 홍송으로 변해 커

가고 있음을 알 수 있다.

홍송은 겉 색과 속살이 모두 붉은색으로 같다 해서 충절(忠節)을 의미한다고 전해지고 있으며, 옛날 궁궐을 세울 때는 100년 나이가 먹은 홍송으로 기둥을 세워 대궐에서 귀한 품격으로 이름을 날리고 지금도 가구를 홍송으로 만든 것은 최상품의 가치가 있다 하여 비싸게 팔린다.

소나무 하면 떠오르는 것이 남도(南道) 화풍의 대가 남농(南儂) 선생의 화폭에 소나무의 모습이 일품으로 등장하여 후세에까지 그 명성을 지켜오며 유명한 화제(畵題)가 소나무인 것은 너무도 잘 알려진 사실이다.

옆으로 비스듬히 누운 듯 가지를 쳐내어 다듬고 선비 모양을 만들어 마치 분재에서 꺾고 비틀어 키워낸 듯 웅장한 모습의 홍송 단지가 관리가 잘 되어서 장관이다.

소나무의 곧고 씩씩한 모습이며 사시사철 푸르름을 지켜내고 추위나 더위에도 아랑곳하지 않고 변함없는 의연함이 아름답고 존경스럽기까지 함은 이곳을 지나는 산책객들 모두가 느끼는 감정이리라.

무슨 생각에서인지 혹여 뛰어놀다 몸이 피곤해서인지 크레용을 가져와 그림 그릴 스케치북을 찾으며 마루에 배를 붙이고 옆에 보이는 할아버지 원고 노트를 용감하게 가져가 펼치고 하얀 여백에 줄을 긋고 색을 칠하며 그림을 그려댄다. 한 장 두 장이 아니라 무려 십여 장을 넘겨 가며 생각나는 대로 그리고 가족들 이름을 써대며 마치 제 것처럼 아무 거리낌이 없다.

어서 홍송처럼 무럭무럭 자라서 대궐을 짓는 기둥이 되었으면,

아름다운 모습으로 동양 화폭에 담겨진 화제가 되어 명화로 후세에까지 길이 보전되는 재목이 되어 주기를 바라는 할아버지의 희망을 누가 탓하리오. 할아버지의 육필 원고 노트 한 권이 거의 손자 놈의 화폭으로 변하고 말았으니 빈 여백을 찾아 함께 쓸 수밖에. 그래도 즐거우니 할아버지의 마음인 모양이다.

세빈이가 이제 여섯 살이 됐어요

새해 아침 2013년 1월 1일 새벽 여섯 시에 손자로부터 전화가 왔다. 잠자리에서 일어나려던 참이라 이른 새벽에 온 전화는 내 아이들 전화거나 미국에서 온 큰아이 전화이거니 생각하고 수화기를 들었다.

"할아버지, 세빈이가 이젠 여섯 살이 됐어요. 새해 복 많이 받으세요!"

목소리가 무슨 시합이라도 나가 우승한 의기양양한 기분으로 자랑스러운 음성이다.

"세빈이가 드디어 노벨상을 받게 됐어요!" 하고 들리는 목소리였으면 얼마나 좋을까 하며 순간 욕심을 불러일으킨다. 노벨상이 아니어도 "박사학위를 받았습니다" 하고 할아버지에게 늠름한 자랑의 전화 목소리쯤으로 착각하고 싶은 심정이다.

"그래, 이제 한 살 더 먹었으니 더욱 몸도 튼튼하고 씩씩하게 친구들과 사이좋게 지내야 하며 사촌형들과도 친하게 지내야 한다."

짧은 덕담을 하고 수화기를 내려놓았다. 손자는 한 살을 더 먹었으니 자랑스러운 훈장을 얻은 기분이고 할아버지는 무거운 돌덩이를 하나 더 짊어진 기분이니 그녀석이 겪어야 할 앞날의 세파에 시달려 갈 고통이 안쓰러워지나 지금은 상관없이 그저 의기양양한 기분만을 자랑한다고 생각하니 즐거움과 안타까움이 함께 스며든 쓴웃음이 나올 뿐이다. 엄밀히 말하자면 손자 생일이 5월 28일이기 때문 앞으로 5개월이 지나야 여섯 살이 되지만 이놈은 성급하게도 세월을 뛰어넘고 자랑하고 싶은 모양이다.

유년시절에는 나이를 한 살 더 먹어 가는 것이 자랑이고 어서 어른이 되고 싶은 마음이 누구든지 품고 싶은 욕심이고 희망이었으나 반대로 노년에 접어들어서는 나이에 대한 저항, 즉 안티에이징(anti aging) 의식이 모든 노인들에게 존재한다고 본다.

나이에 따라 시간의 속도를 느끼는 감정이 아주 다르다고 심리학자 윌리엄 제임스가 말했다. 나이가 들수록 시간이 빨리 간다고 생각되지만 하는 일 없이 맹목적인 지루한 시간일수록 시간이 느리게 생각되며, 반대로 책을 읽는다든가 글을 쓴다든가 다정한 친구와 보내는 시간일수록 시간이 빠르게 간다고 생각한다고 했다.

이런 관념을 제2의 시간이라도 부르며 시간 개념 또는 시간 절약이라고 표현이 되기도 하며, 현재에 몰입할수록 시간에 대한 집착이 생기며 심리적으로 24시간을 길게 활용할 수 있다고 했다.

어린 손자의 1년은 6년 인생의 10%에 긴 시간으로 해당되며, 할아버지 1년은 0.015%에 해당하는 짧은 시간으로 느껴진다는 심리학자들의 시간개념이다.

할아버지의 하루를 길게 보내는 방법은 취미와 일에 몰두하는 길이 전부이며 내가 하루를 보내는 방법 또한 친구와 함께 놀고 좋은 책을 읽고 공부에 몰입할 때 시간을 빨리 보내는 유일한 길임을 알아야 할 것이다. 그러나 흐르는 세월을 붙잡고 세워둘 수는 없고 나이가 들어가며 성숙하게 되고 지혜를 얻게 되며 철이 들 나이가 되면 비로소 나이가 드는 것이 싫어지고 두려워지게 되는 모양이다. 할아버지가 손자에게 보내는 사랑스러운 마음이야 더 이상의 설명이 필요 없다 할 것이나 어린 손자가 한 살 두 살 더 먹어가며 성인이 된 모습을 상상하고 궁금해 하는 마음 또한 깊은 애정의 샘물처럼 끊임없이 함께하고 있다.

어른으로 커 가면서 옛부터 성인군자(聖人君子)들은 물을 본받으라고 했다. 내 손자 세빈이가 마치 물이 지닌 향기처럼 유연함과 겸허함을 배우고 물이 지닌 비장의 에너지를 지니며 무서운 힘을 길러 갖추어 내기를 바라고 있다.

노자의 도덕경에는 천하에 물보다 부드럽고 약한 것이 없지만 때로는 굳세고 강하여 태산을 능히 무너트리는 무서운 힘도 함께 지니고 있기 때문에 물의 교훈을 가르치고 있다. 깊이 흐르고 있는 물의 장엄한 모습이며 넉넉한 모습으로 인격을 도야하고 학식이 풍부하기를 바라며 줄기차게 내리는 여름날의 소나기처럼 모든 사람들의 더위를 씻어주는 시원스런 빗물이 되어 주기를 희망하고 싶어진다.

물은 만물을 이롭게 하면서도 서로 다투지 않으며 뭇 사람이 싫어하는 낮은 곳에 머물 줄도 마다하지 않고 연못처럼 깊은 마음을 지니게 하여 누구에게나 신뢰를 주고 남에게 베풀 줄도 알게 한다. 물의 덕성을 배워야 할 것이다. 그러나 때로는 노도(怒濤)처럼 두려울 것 없이 일어나 불의와 맞서는 용기를 내게 하기도 한다. 물은 때를 알아 얼고 녹을 줄을 알아서 기다림의 인내를 배우게 하고 행동하고 멈출 줄 안다고 했다.

할아버지의 바람과 소망은 물처럼 세빈이가 나이가 들수록 실개천에서 출발하여 강을 지나 망망대해인 바다에 이를 때까지 오랜 세월 동안 물의 교훈을 가슴에 새기고 살아가길 바랄 뿐이다.

특히 일상생활에 꼭 기억해서 실천해야 할 물의 힘에 대해 강조하고 싶다. 물의 인내와 끈기가 얼마나 크고 위대한가를 알아야 할 것이다. 한 방울의 낙숫물이 떨어지면서 굳은 땅을 웅덩이로 만들어 파내며 바위에까지 구멍을 뚫는 무서운 힘을 배우기 바란다.

일생을 살아가면서 명심해야 할 비슷한 교훈이 있다면 나는 '일만 번의 법칙'을 으뜸으로 꼽고 싶구나. 무슨 일이거나 일만 번의 실행과 노력이면 확실하게 성공하고 이루어진다는 믿음을 마음에 새겨두길 바란다.

꿈을 펼치기 위해서 한 단계 한 단계 목표를 설정하고 난 뒤에는 반드시 일만 번의 노력과 실천을 먼저 실행해야 달성이 된다는 생각을 거의 신념으로 알고 살아야 할 것이다.

아무도 알아주지 않는 시골에 사는 전업주부가 갑자기 남편과 사별하고 뜨개질로 생계를 이어오다가 어느 날부터 손가락의 관절염 때문에 부득이 뜨개질을 할 수 없게 되었단다. 너무 인생이 허무하다는 생각에 빠져 괴로워할 때 궁여지책으로 그림을 그리기로 결심하고 10년 동안 정식 교육을 받지 못한 그림을 1,500여 점이나 그리다 보니 살며시 남에게 보이고 싶은 생각이 들어 전시회를 생각하게 되었는데 그때 한 화상의 격려와 찬사가 힘이 되어서 다시 10년을 매진하여 3,000점의 그림을 완성하게 되었단다.

그녀가 바로 94세에야 세계적인 화가의 반열에 오르게 된 미국의 여류화가 조노벨의 자전적 실화를 읽은 기억이 있다. 이 이야기는 바로 일만 번의 법칙을 증명해 낸 실화인 것이다. 처음에는 아무 보람이 없을지라도 꾸준하게 인내를 갖고 매진하다 보면 그 가치의 빛이 자연스레 나타나고 있음을 배워야 할 것이다.

오늘 할아버지 귀에 "세빈이가 이제 여섯 살이 되었어요"가 이제 "세빈이가 꿈을 이루었습니다"라고 들리면 얼마나 행복할 것인가 하고 상상해 본다.

며느리 김양자

뒤쪽으로는 병풍처럼 가는 비단으로 허리를 두른 높지 않은 산자락에 앞으로는 강진만의 구강포가 흐르고 있어 아주 아담하고 평화스러운 농촌 마을 강진군 만복동에 대대로 자리를 잡은 전형적인 유교가문의 부유한 농촌 가정에서 태어났다(1942년 8월 18일). 조부모님을 비롯 양친 부모의 9남매 맏딸로 자라면서 해방 후의 혼란한 사회와는 거리가 멀고 한국동란의 처참한 거친 파도에도 가정은 휩쓸리지 않으며 유년시절을 곱게 성장해 와서 그 성품이 매우 순박하며 부드러웠다.

지나는 거지들을 보거나 늙으신 노인을 보면 아무 이유 없이 눈물을 흘리는 백옥 같은 하얗고 여린 인정을 지녔다. 심성이 깨끗하여 그릇에 담은 맑고 조용한 물과 같아서 잔잔하며 바람에 흔들리지 않는 방 안의 촛불처럼 맑은 빛을 비추는 건강한 정신을 기르며 무르익은 과일처럼 곱디고운 처녀로 자랐다.

할머니의 특별한 사랑은 날이 어두워지면 행여 몸이 다칠세라 동래 또래 친구들과 어울려 노는 것조차 극구 말리는 귀한 몸으로 보살핌을 받아 아래 남동생들에게 크게 미안한 마음이 들고 했었다고 추억했다. 시골 여학교를 졸업하고 22세가 되어 어서어서 배필을 정하고 손녀사위를 보시겠다는 조부모님의 명령에 따라 인근의 후덕한 가문의 철부지 24세 청년과 결혼을 이루고 한 농촌 가정의 며느리로 자리 잡고 서울로 유학 간 신랑을 기다리며 시아버지, 시어머니 두 분과 시동생들을 보살피면서 생전 처음으로 시집살이가 시작되었다.

철없이 귀하게만 자란 24세의 남편을 기리며 홀로 신혼생활이 어찌 즐거울 수가 있을까만 시부모님의 사랑으로 고달픈 며느리 생활을 그런대로 지낼 수 있었다. 병역을 필하고 대학을 졸업한 남편의 직장을 따라 서울로 따로 살림을 나가기까지 무려 7년 세월 동안 시부모님을 봉양하는 일이 숙명이거니 체념하며 집안 살림을 완벽하게 해내는 매섭고 강한 여자로 서서히 바뀌어 갔다.

큰어머니의 병환으로 대소변을 손수 받아내면서도 항상 즐거운 얼굴로 가족을 대하였고 철부지 시누이의 사춘기 투정을 다 받아주어 지금도 시누이가 친정 부모처럼 그때의 은혜를 잊지 못하고 있다. 안채에는 척추 병환으로 누워 계신 큰시어머님과 사랑채에는 중풍으로 몸이 불편한 시아버지의 병수발까지 완벽하고 정성스럽게 간호하여 다시 회복시키는 기적을 만들기도 하였으며, 남편의 내조는 물론 시동생들에게 당당한 모습을 보이며 딸 셋, 아들 하나를 키워온 장한 여인으로 탈바꿈하였다.

요즘 세태에는 요양원으로 입원시키거나 양로원에 쉽게 보내버리는 일이 당연시되고 있는 일과 비교해 보면 참으로 감동적인 일이었다고 생각된다.

큰딸의 치아가 당시 치의학으로 치료 불능(희귀병)하여 세 살 아이를 업고 둘째를 안고 서울대학병원을 왕래(버스 두 번)하면서 자기 몸을 돌보지 않으며 버티어낸 어머니의 위대한 모습을 보이는 강인

한 삶이었다. 교통이 발달하고 의료시설이 많은 요즘과는 너무도 취약한 환경에서 고생한 모습이 눈에 선하다고 했다. 그때의 치과 치료를 한 아이에게 교수들이 의학 연구 대상으로 선정하고 싶다는 말이 지금도 생각만 하면 가슴이 뛰고 흥분된다고 했다.

어머니가 자식에게 헌신하고 자신의 삶을 불태워서 자식의 앞날을 기원하고 밑거름이 되고자 하는 모성은 옛날이나 현대에나 동양이나 서양에서도 변하지 않은 진리로 생각되고 있어 특별한 이야깃거리가 아니겠으나 혈육이 아닌 며느리나 사위가 시부모와 장인 장모를 봉양하고 더욱이나 그들을 위하여 온갖 풍상을 겪으면서도 불치병을 장기간 간호하는 일이란 아주 귀하고 특별한 경우이기에 며느리 김양자의 20대 후반 젊은 나이의 삶은 장하고 거룩한 희생정신이 가득한 효행이 두드러졌다고 밝힐 수 있다. 그래서 그 흔적을 꼭 문자로 남기어 후손에게 가르침으로 본받게 하고 싶다.

젊은 날의 파란만장한 삶이 어떤 철학과 교훈을 주고 있었으나 오직 며느리와 어머니의 자리를 엮은 사연일 뿐 한 여성의 주체로, 한 남성의 아내로서의 삶의 애환과 행복을 담은 생생한 이야기는 '아내 김양자와 할머니 김양자' 편에서 별도로 미루며 어느덧 세월이 흘러 이제 그녀도 노년기의 중반에 접어들어 지내온 회한을 더듬으며 후회스러운 일들을 되돌아보게 된다고 했다.

임종을 지켜보는 호스피스 전문의사의 통계조사 내용과 거의 똑같은 어머니로서의 후회스러움이 무엇보다 크게 두드러졌으며, 과거에는 감추어져 뒤쪽에 밀려 숨겨진 자리인 아내로서의 아픔이 세월이 흐를수록 뒤에서 앞으로 나와 채우지 못한 아쉬움이 크게 머리를 내밀곤 한다고 하였다.

이상과 꿈이 실현될 수 없을 것이라 여기면서도 네 번째, 다섯 번째의 소망을 이루지 못하고 지낸 삶이 후회스럽다고 토해내었다. 훌륭하게 장성하여 사회 역군으로 당당하게 살아가고 있는 자식들 사남매를 보며 이제는 모든 아쉬움과 회한이 녹아버렸는지 모르겠다고 했다. 앞으로의 남은여생 동안 하나씩 채워갈 수 있으리라 희망하고 있기 때문일 것이다. 오로지 한 인간의 여자로서 채우지 못한 일들만 후회스러움으로 가슴에 묻혀 있음이리라.

호스피스 전문의사인 오츠슈피츠가 말기 암 환자 1,000명을 대상으로 '지금 죽음을 맞이하면서 평생 후회스러운 일 열 가지'를 조사한 바에 의하면 만족스럽다는 대답을 한 사람은 한 명도 없고, 뼈에 사무치도록 후회스런 인생이었다고 거의 100%에 이르는 통계 내용의 글을 보았다.

당연한 순서로 죽음을 맞이하게 되는 것을 알면서 이토록 후회스런 감정을 지니고 있는 이유는 어디에 있을까? 그 후회스런 못다 한 일들이 며느리 김양자에게도 있다고 하였다. 가장 아름다운 인생의 마무리를 위한 첫 번째 역시 좀 더 고맙고 감사한 생활을 못한 일과 내 자신뿐 아니라 남에게 좀 더 사랑한 마음을 주지 못한 것이 후회스럽다고 했다.

감사한 마음으로 생활해 오지 못한 이기적인 욕심 속에서 자신과 가족만을 위한 인간의 속성이 잘 드러난 본능의 표현이라 생각된다. 제1권역에서 살아온 한평생을 후회하고 있음을 잘 나타내주고 있는 것을 알 수 있으며, 죽음 이후의 삶에 대한 충분한 대접을 받지 못하게 되는 두려움 등이 가슴에 응어리져 괴롭히고 있다고 본다.

이상적인 꿈을 꾸고 그 꿈을 이루지 못했다거나 양심에 따라 행동하지 못하고 지내온 점들은 꼭 죽음이 아니래도 생전에 다시 해보고 싶다는 희망사항으로 지금보다 더욱 빛나고 평온해질 수 있겠다는 계산된 본능의 욕구가 있기 때문이 아닐까.

시어머니 김양자

옛날 농경사회에서부터 고부(姑婦) 사이에 관한 화제가 두드러지고 있는 현상이 현대 산업사회에서 크게 불미스러운 화젯거리로 등장하고 있음을 종종 들을 수 있다. 시아버지와 며느리 사이의 미담(美談)은 듣기 어려웠으나 시어머니와 며느리 사이의 흉담(凶談)은 미담보다 유난히 자주 발생하고 널리 알려지고 있는 현실을 외면하기 어렵다.

시어머니가 사는 동네가 싫어서 이사를 가는 젊은 며느리의 이야기며, 며느리가 미워서 귀한 손자 돌보기를 마다하는 시어머니의 이야기를 주변에서 쉽게 접하고 있는 안타까운 현실이 아닌가.

지금의 내 아내는 신혼시절에 엉터리 철부지 남편(24세)과 두 분의 시어머니를 모시며 옛날 한학자이신 분이라 엄하면서도 자상한 시아버지 슬하에서 세 분의 노인들을 봉양하면서 규모가 큰 농촌 살림을 해왔고, 헌신적인 봉양으로 노환의 부모에게 효를 정성스레 행한 바 있어 아직도 내 기억 속에 생생한 모습에 존경스러운 마음이 일어나고 있다.

그 아내가 며느리를 맞이한 지 어언 수년이 흘러 귀한 손자를 보게 됐고 할머니라는 자랑스러운 명예를 안고 행복한 노년을 지내고 있다.

부모가 자식들의 생일에 미역국으로 명운(命運)을 빌며 무병장수하기를 기념하는 일은 다반사로 흔하게 보는 일이겠으나 며느리의 생일에 멀리 분가한 사람을 불러 외식이 아닌 삼복더위 속에서도 손수 음식을 준비하여 온 가족과 축하하는 특별한 행사가 우리집에서는 오래된 전통으로 내려오고 있다.

그때마다 목숨보다 소중하고 귀한 손자를 낳고 잘 길러 주었으며 사랑하는 아들을 보살피고 받들고 사는 며느리에게 고마운 말을 건네는 덕담을 빼놓지 않은 전통 행사에 옆에서 지켜본 나는 물론 당사자인 며느리의 생각은 어떨까 하는 생각을 해본다.

배 아파 낳은 자식과 다를 바 없는 진한 사랑을 베푸는 모습이 감동적이 아닐 수 없다. 흔히들 내리사랑이라는 표현이 있으나 자식들에게 보내는 사랑과 헌신은 논리적으로 물리적으로 해석하기 힘든 보이지 않는 무한의 짝사랑이라는 표현이라 생각되기에 내 아내의 며느리에 대한 사랑이 그런 짝사랑이 아닐는지.

어떤 때는 우리 두 내외가 쭈그리고 초저녁부터 밤늦게까지 껍질을 벗기고 씻어낸 마늘이며 강낭콩을 듬뿍 나누어 떠나는 자식들 손에 들려주는 모정 또한 빼놓을 수 없으니 가식 없는 참사랑의 의미와 실천을 늦은 나이에도 배우며 살아가게 된다.

간혹 며느리가 늙은 부모에게 찾아올 때 자기들에게 들어온 선물이나 건강식품을 가져왔으나 다시 자식들 수만큼 균등 분할하여 돌려보내는 지혜를 젊은 사람들이 보고 배웠으면 하는 바램이 있을 뿐이다.

세월이 흘러 그 며느리가 시어머니가 되고 할머니가 되었을 때 아름다운 전통이 이어지지 않겠는가. 흐뭇하고 만족스러운 지금의 내 가정을 행복한 노년의 즐거운 마당에서 살아가고 있음을 감사하게 생각하고 있다.

이제 미수(米壽)를 바라보며 건강을 위해 몸을 단련하고 마음을 다스리는 취미생활로 여러 가지를 배우며 지내는 우리 부부는 고종명(考終命)의 아름다운 대사도 며느리에게 짐을 덜어주고 싶은 일념 또한 지극한 시어머니의 지혜로운 가족 사랑의 표본이라 믿고 싶다.

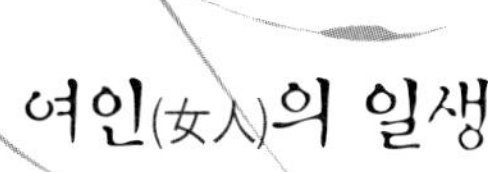

여인(女人)의 일생

봄철에 어린 묘목을 옮겨 심어 삼월 삼짇날 예쁜 꽃으로 피어나서 벌이 찾아와 꽃술에 수정을 하였다네. 그리고 그 봄이 저물면서 꽃잎은 떨어지고 여름철에 무성한 가지와 잎으로 온 산을 덮었네.

길고 긴 장마나 가뭄을 이겨내고 열매를 주렁주렁 매달고 나니 풍성한 가을에 거둬들여 놓고 높고 푸른 하늘아래 말도 살찌고 온 가족을 배부르게 하네. 설혹 천둥 번개로 낙뢰를 맞아 가지가 꺾이고 기둥이 부러지는 변고를 맞이해도 뿌리를 깊이 땅에 묻었으니 그 자리에서 의연한 모습으로 버티고 서 있네.

겨울을 맞이하여 씨앗을 고르고 가려내어 이듬해에 파종을 준비하느라 얼굴에 주름이 가득하고 허리가 굽었네. 매서운 칼바람에 추위와 몸을 피하고 긴긴 겨울밤을 오손도손 이야기 잔치로 웃음을 선사하고 사랑을 노래하네.

또 새 봄이 되어 여린 새순에서 다시 예쁜 꽃으로 태어나서 새 길을 찾아가고 있네. 새색시가 며느리로 변하고 다시 시어머니가 되어 할머니로 변하네. 늙은 남편과 벗이 되고 그의 꽃이 되어 선종(善終)을 맞을 준비를 하고 있다네.

지금 이 순간

지금 아니면 뒤에 하지. 오늘 아니면 내일도 있고 모레도 있는데 이달에 시작 못했으니 다음 달부터 시작할 거라고 쉽게 생각하고 말하는 핑계가 습관이 되어 버린 경우가 있다. 누구나 잘 알고 있는 해로운 습관이라 할 수 있다.

며칠 전 손자 녀석이 불쑥 물었다.

"할아버지 금보다 더 비싼 것이 무슨 금이냐"

아마 요즘 동네 형들 사이에서 유행하는 축약 언어의 게임이라는 생각이 들었다. 쉽게 대답을 못하고 있으니 그놈 말이 '지금(只今)'이 더 비싼 금이라 하기에 지금이 왜 황금(黃金)보다 비싼지 그 이유를 반문했다.

황금은 다시 살 수 있으며 더 많이 살 수 있지만 지금은 지나버리면 다시 살 수도 모아놓을 수도 없으며 아무리 돈이 많아도 사고 싶어도 살 수 없으니 가장 비싼 것이고, 현재 가난해서 돈이 없는 사람도 쉽게 살 수도 있다 하기에 내 속으로 흐뭇한 생각이 가득 차오르기 시작했다. 과연 지금이 황금덩어리보다 더 비싼 금덩어리구나 하는 생각을 하게 되었다.요즘 유행하는 축약어(縮約語)를 통해 유익한 면을 손자에게 배웠다는 느낌이다.

'고마워, 사랑해, 이해해' 하는 당나귀(당신과 나의 귀한 만남), 사이다(사랑합니다, 이 생명 다할 때까지)와 같은 축약어가 요즘 젊은 사람들의 은어가 되어서 유행하고 있다. 해서 이제 유치원생인 손자 놈에게는 그 속에 담겨진 참 뜻을 이해하기에는 무리가 아닌가.

걱정 반 아쉬움 반의 할아버지 심정을 훗날 이해하리라. 이 순간이 소중하고 귀하다는 사실은 누구나 머리로는 잘 알고 있는 이론이나 마음으로는 더 행복한 순간이 내게 찾아올 것이라 기대하고 살아간다. 그러나 그러한 순간은 결코 찾아오지 않는다는 것이다.

행복이 어디 있을 거라고 저 고개 너머에 있을 거라고 믿고 있지만 사실은 지금 이 순간 여기에서 행복을 만나고 느낄 수 있다는 사실이다.

불교계의 선사(禪師)로 존경받고 있는 베트남의 국민 스승이신 틱낫한 스님께서 쿵쿵 뛰고 있는 심장이 그대를 위해 열심히 일하고 있기에 매순간마다 지금이 행복해할 이유라고 말하였으며, 눈을 활짝 뜨고 환한 햇살의 청명한 하늘에 고운 빛과 놀랍게도 숨 쉬고 있는 자연 그리고 친구들, 지금 여기가 그대 인생의 최고의 행복한 순간이라 말씀하였다.

매순간 깨어있는 마음으로 살아가는 일이야말로 삶의 선물이라 믿는다. 그것이 바로 고난과 아픔의 밭일지라도 그것들이 자양분이 되어서 더욱 아름다운 행복이요, 밑거름이 되어지며 그 토양에서 꽃이 피어날 수 있는 소중한 바탕이 아닐까 믿는다.

반세기를 서로 다른 길을 돌고 돌아서 한자리에 모여서 즐거웠고 고통스러운 일들 다 잊고 여유롭게 산정상 봉수대에 앉아 인생의 마지막 고비에 부딪혀 넘어지기 쉽다는 칠십을 지내왔으니 어찌 장하고 빛나는 얼굴들이 아니겠는가.

만규, 희수, 삼철, 근섭, 은봉, 순태, 석우 등 모두가 무서운 질병과 싸워 이기고 무서운 사고도 다 피해서 물리친 승리자의 개선장군이 되어서 웃으며 먹고 마시는 기쁨을 함께했으니 지금의 순간이 참으로 가득한 행복이며 사랑스럽고 감사한 시간이라 할 것이다.

애석하게도 먼저 가버린 옛 벗들의 얼굴이 스치어서 숙연한 마음이 고개를 쳐들어서 다시 한 번 지금의 순간을 행복하게 보내야 하겠노라 다짐하게 된다.

어떤 목적이 있어 마음속으로 아깝다는 생각으로 주저하는 베풂의 삶보다 우호적인 열린 마음으로 기쁘게 베풂의 생활이어야 비로소 행복의 길로 들어선다고 했으며 더 나은 당돌한 베풂의 생활을 시작할 수 있다고 한 선승(禪僧) 틱낫한의 가르침을 떠올리며 지금 이 순간 도리어 내 자신의 평정과 자애와 자비의 기쁨을 누릴 수 있지 않을까 생각해 본다.

나는 매일 같은 시각에 같은 장소에서 오르고 내려오는 노인 한 분을 지나친다. 내가 먼저 주저하는 베풂으로 인사를 건넸으나 거의 무표정하게 지나치는 매정스러운 사람을 보며 조용한 마음에 서운한 물결이 파장을 그렸다. 그러나 생각해 보니 대가를 예상하며 보내는 이기적인 인사이기 때문이라 판단하고 다음 날도 거의 같은 시각에 이번에는 주저하는 베풂의 마음이 아니라 기쁨의 마음을 담고 반갑다는 인사를 한 뒤에 발견한 사실은, 어제의 차가운 무표정한 얼굴에서 따뜻한 미소가 그려지며 부드러운 답례를 받는 바 있다.

어떤 기대하는 목적이 있는 인사가 아닌, 기쁜 마음의 인사를 베풀었기에 가능한 결과라 믿어졌다. 지금의 순간을 사랑하고 지금이 순간을 행복하다고 생각할 때 흔들림 없는 우리 인생이 초연히 다가오고 그리고 지나고 있을 것이라 생각된다.

오래된 묵은 김치 맛처럼 그 오묘함을 설명하기 어렵듯이 오늘 소중한 벗들과 반세기 이상의 깊은 맛이 스며들었으니 지금을 황금보다 비싸게 생각하고 열린 마음으로 베풀고 살면서 먼 훗날에 인생 바구니에 행복을 꾹꾹 채워서 반가운 얼굴로 함께 모여 먹고 마시는 기쁨을 누려보고 싶다. 오로지 이것만이 만절(晩節)의 소박한 소망이 아닐까.

내 친구 선돌이

비록 몸이 부자유스럽고 지능이 완전하지 못한 뇌성마비 2급 장애를 안고 태어난 김선돌이는 지능 7~8세의 어린이지만(54세, 가명) 내가 알고 있는 친구 가운데 가장 순수하고 정직한 사람이라 생각된다.

지난 몇 해 동안 마주치면 서로 눈인사만 주고받다가 올해 여름철에 들어서면서 내가 먼저 인사를 하며 이백 원짜리 구청 자판기 앞에서 마주칠 때마다 커피를 사서 두 잔을 놓고 대화를 시작해 본 것이 점점 사이가 따뜻이 무르익어 이제는 그가 나를 보면 인사를 해오고 날씨를 이야기하며 그동안 궁금했던 세상 이야기를 가슴에 며칠 동안 간직해 놓았다 꺼내 놓은 듯 여러 가지 질문을 시작한다. 이제는 마음을 열고 가까움을 느낀 모양이다.

초등학교에도 못 다녔으나 한글을 깨우쳐 신문을 읽을 줄 알며 TV에서 방영하는 뉴스나 드라마도 보면서 슬플 때는 눈물이 나더라는 이야기를 한 바 있다.

오늘 아침에 역시 아저씨께 물어볼 것이 있다면서 사준 커피를 들고 내 곁에 자리 잡고 “전두환이는 벌을 받을까요?” 하고 묻는다. 아저씨는 공부를 많이 해서 그 사람이 좋은 사람인지 나쁜 사람인지 잘 알 수 있다는 것이다. 갑작스런 질문이라서 한참을 망설이다가 지금 나라에서 조사를 하고 있으니 죄가 밝혀지면 벌을 받을 것이며 죄가 없다고 밝혀지면 벌을 안 받을 것이라고 얼버무리고 말았다. 그러나 세금을 안 내고 있는 큰돈은 꼭 내야 할 것이라고 덧붙이며 대답을 마무리했다.

자기가 본 세상에는 좋은 사람과 나쁜 사람 두 종류가 살고 있음을 잘 안다는 듯 "아저씨는 매일 산에서 공부를 하시나요?" 하고 물었다. 3번 버스 아저씨의 아들도 뇌성마비로 자기처럼 장애인인데 매일 산에 오르며 함께 가자고 했단다. 장애 아들을 둔 나도 모르는 버스기사가 동질성의 아픔을 나누는 친구처럼 다정스러웠던 모양이다.

내가 다시 "선돌이는 나라에서 주는 장애인 수당과 생활보호대상자에게 지급하는 보조금을 잘 받고 있느냐?" 했더니 전연 그런 돈을 받지 못했다고 했다. 그 말에 놀라 동사무소 생활복지과에 연락하여 문의한바 누락된 사항이라며 빨리 조치를 취하려고 하니 본인을 보내달라고 했다. 사회적 약자에게 덮어지는 무관심이 얼마나 깊었기에 몇 년간을 구청의 휴게 마당에 얼굴을 내밀며 부근을 운동 삼아 배회하는 장애인을 모르고 지냈는가를 생각하니 울화가 치밀었다.

생각이 바르고 깨끗하며 휴게실 바닥에 떨어진 담배꽁초며 휴지를 주워 쓰레기통에 버리는 모범은 정상인보다 열 배나 아름다운 행동이며, 좋은 일을 하고도 겸연쩍어 씨익 웃음을 보이는 티 없이 순수한 김선돌 씨가 내게 소중한 친구로 오래 남아 있는 것이 즐거움을 안겨주고 있다. 내일은 구청 구내식당에서 점심식사를 함께 해야겠다고 마음먹으며 옥천 마당으로 산길을 올랐다.

하루를 더 살고 있는 사람

오월의 끝자락인데도 마치 한여름 속에 와 있는 듯 후덥지근한 날씨다.

수십 년째 내려온 고등학교 동창들끼리 모이는 산악 동우회가 해를 거듭할수록 인원이 줄어가고, 깊고 험한 산을 멀리하고 도심 근교의 낮은 산을 오르는 행사로 변모해 가며 운동보다는 정다운 얼굴들을 보기 위한 모임으로 바뀌어 가고 있다. 지난달에는 서대문구에 위치한 안산(鞍山)을 다녀왔고 이번 산행은 광진구에 위치한 용마산을 다녀오기로 하여 해발 600m의 정상을 향해서 십여 명의 동우회 벗 노인들이 그동안의 신변 잡담과 다른 벗들의 근황을 서로 전하며 소담스러운 토종 전라도 사투리를 섞어 가며 이야기로 떠들썩하다.

기억 속에서 사라져 버린 전라도 사투리인 "정재 가서 겅개를 가져와라(부엌에서 반찬을 가져와라)" 등 신기한 소리를 들으며 유년 시절의 아련한 추억 속에 묻혀 서로 마주보며 그리움의 웃음을 담고 있다. 마치 광속 고방 밑창에서 이조시대의 엽전 꾸러미를 찾아내는 듯 고향의 토종 사투리의 감미로운 맛은 표준말만 써온 지금의 아이들에게는 상상하기 어려운 현상이리라. '거시기(이제는 표준어)'라는 말을 시작으로 '워메 어짧끄냐(어떻게 할 것인가)' 등 도무지 알아들을 수 없는 곰팡이 냄새 물씬 풍기는 이야기로 반세기 전의 한마당으로 돌아가 떠들썩한 웃음꽃을 피웠다.

다들 내로라하는 사회 지도층 출신인데도 이제는 책에서도 들을 수 없는 토종 고향 사투리 속에 유년시절로 되돌려 놓은 감칠맛을 느낄 수 있었다. 이것이 벗들의 모임에 진수인 것만은 틀림없다.

오늘은 용마봉의 3보루를 지나 5보루까지 급경사(약 70도)의 계단길을 오르며 숨이 턱에까지 차오른 경로가 초반부터 예사롭지 않은 힘든 하루라 짐작이 갔다. 바위를 넘고 숲길을 지나야 했는데 내 체력으로는 힘에 겨운 산행이 되고 말았다.

수년 전 병마와 싸울 때만 해도 감히 평지 아닌 산악을 오르는 일은 상상도 하지 못한 등산길이기에 비록 심신이 녹초가 되고 사지에 힘이 빠져 드러눕고 싶은 지경에 이르고 말았다. 내 분수와 한계를 무시한 무모함을 잠시 후회하는 순간이 찾아들었으나 벗들의 걱정과 우려 속에서 다시 용기를 내어 정상을 오르고 제4보루로 내려와 중곡동 순대 음식점에서 신의주 순대 정식으로 점심을 마치고 3시가 지나고 나니 한 발자국도 몸이 움직이지 않는 만신창이가 되고 말았다.

흉물스러운 신세로 전락하고 만 내 몰골을 보고 회장 만규와 고양시에 사는 박길수 군 등의 배려로 겨우 홍제역까지 돌아오니 오후 5시가 지났다. 하루를 보냈다는 안도감으로 두려움을 이겨내고 어려움을 넘어섰다는 행복한 마음으로 집에 돌아올 수 있었다.

누구나 단체사진을 찍은 뒤 그 사진을 보면서 제일 먼저 자기 모습을 찾듯이 오늘 산행 벗들 십여 명 속에서 유별나게 지워버린 내 자신을 찾아내고 평상시와 똑같게 움직이며 더욱이 다른 모임에 저녁 약속까지 건네며 통화하는 친구를 보면서 그야말로 나보다 하루를 더 살고 있는 인생이 바로 곁에 있다는 사실에 감동하지 않을 수 없었다.

젊은 시절부터 모임에서 특별하게도 걷기 운동을 제창했던 병곤 군의 체력이 과연 지금 산행에서 우뚝 솟아 보이는 모습에서 그 시절에는 친구의 열변이려니 하며 흘려버린 지난날의 내 어리석음이 후회스럽기만 했다.

예부터 어린 나이에 삶의 쓴맛 단맛을 흠뻑 머금고 살아온 인간 태술이의 친화력 있는 입담은 좌중을 웃기는 데다가 특유의 부드러운 덕성에 존경심마저 일어났다. 지금도 조기축구를 즐기고 있어서 국가대표 축구선수의 다리처럼 종아리 근육이 단단해서 부러운 민부와 만규, 성환이, 병곤이 모두가 나보다는 하루를 48시간으로 활용하며 빛나는 삶을 살고 있는 고귀한 벗들이다.

이제 미수를 앞에 걸어놓은 만절인데 지난날의 부귀와 공명이 무슨 의미가 있으며 영달이 무슨 소용이 있겠는가. 오로지 활기 넘치는 에너지를 발산하며 하루를 꾹꾹 채워서 즐겁고 보람 있게 지낼 수 있는 일만이 유일한 희망이며 행복한 삶이 아니겠는가.

자고 일어나면 먹는 음식을 이용하여 부정한 방법으로 세상을 속이고 배를 채우는 파렴치한 사건이 마음을 상하게 하고 자자손손 세 끼 밥이 모자라 다섯 끼 식사를 하기 위한 요량인지 법을 어기고 재산을 해외로 도피시키는 소위 성공한(?) 사람들의 볼썽사나운 작태가 불쌍하고 가련하게 보이니, 이젠 면역이 되어 가고 있어서 다행히도 애써 외면하고 싶어진다.

세 끼 밥을 거르지 않으며 친구가 찾아오면 한 끼 식사를 대접할 수 있다면 만족스러운 삶이라고 한 우리 조상 선비들의 철학이 늦었으나마 어렴풋하게 내게 스며들어 오고 있다.

가족을 부양하고 가계와 생계를 책임지는 젊은 시절을 보내고 이제부터는 자신과의 싸움에서 고통을 이기고 몸을 추스르고 마음을 비우고 욕심을 내려놓고 남은 날들을 가까운 벗들과 어울리며 과거를 추억하고 즐기는 삶이 바로 우리들이 맞이하는 희망이 아닐는지.

조금 욕심을 더 부린다면 마음을 담박영정(淡泊寧靜)하여 스쳐가고 만나는 사람마다 "안녕하세요, 수고하십니다, 고맙습니다, 사랑합니다"를 입에 달고 살면서 스스로를 살찌우고, 나아가 겸양과 자애로운 옷을 입은 조상의 모습으로 기억되고 손자들에게는 할아버지의 값진 유산으로 남겨지도록 살아야 하지 않을까 생각해 본다.

PART 3

행복으로 가는 길

웃음 지을 때 행복이 스며들기 시작하며
미소를 잃지 않고 지내고 있는 사람의 삶은
아름다운 인생이다.

행복 공부

기뻤던 어제도 내일은 더욱 기쁘게
즐거운 오늘도 가슴을 설레게 달린다

하루 3교시 공부를 시작한다
두 분 선생님의 만남이 또다시 내 인생의 멘토링이 되어
행복 공부를 시작한다

배드민턴으로 몸을 다져 건강을 쌓으니
첫 번째 행복 공부가 되고
봉사와 배려로 남에게 베풀며 마음을 채우니
두 번째로 행복 공부가 되며
곱고 아름다운 얼굴들을 보며
인생을 논할 수 있으니
세 번째 행복 공부로세

즐기는 악기 연주로 기분을 일으키며
네 번째 행복 공부를 마치고
책 읽고 글 쓰는 일로

다섯 번째 행복 공부로 하루를 보내고
꿈나라로 심신을 적시는
여섯 번째 행복 공부로써
교만, 시기, 질투, 원망이라는 찌꺼기를 쓰레기통에 치우고
관심과 사랑이라는 마음의 벽지로 방을 깨끗하게 한 뒤
행복이라는 손님을 맞이하려 하오

서쪽 하늘에 펼쳐 놓은 노을과 같은 삶의 끝자락에 서서
더 이상 주저 말고 용기 있게
행복 공부를 하고 또 하고 싶구려.

매미의 노래

홍송(紅松)과 흑송(黑松)의 등허리에 앉은 매미의 울음소리가 노랫소리처럼 들려온다. 누군가는 자동차 엔진 소리만큼 90데시벨의 소음으로 인간에게 고통스러움을 만들고 있다 했으나 간격을 두고 서로를 알리며 이성을 부르고 있는 그들의 소리가 나에게는 매끄럽고 아름다운 노래처럼 들린다.

일정한 음률의 폭 안에서 반복적인 울음 속에 애타는 그리움을 토해내는 듯 그 마음을 헤아려 본다.

찾을 길 없이 멀리 떠난 님을 향해 가슴을 열어가며 쌓인 그리움을 보내고 있는 듯 온 힘을 다해 우렁차게 노래를 시작해도 끝내 이루지 못함을 서러워하며 목이 쉬어 가라앉고 만다.

붉은색 값진 집에 살면서 애타는 가슴으로 살아가는 매미의 울음이 어찌 향기로운 노래가 아니라 할 것이요.

— 안산 숲 속에서

모기똥에서 핵폭탄으로 번지다

인간은 사회적 동물이기에 혼자서 살아갈 수 없고 더불어서 살아야 한다. 그래서 남을 상대해야 하며 남들과 경쟁해야 하는 것이 숙명이 되고 있다.

더욱이 가정을 이루기 위해 가족을 형성하며 남남이 부부가 되는 필연으로 한평생을 지내야 하는 것 또한 숙명이라고 본다. 이런 가정의 부부가 추구하는 목표가 행복한 가정을 꿈꾸고 바라는 것이 모두에게 당연한 소망일 것이다.

그러나 좋은 일이나 나쁜 일이 서로 앞서거니 뒤서거니 찾아와 그 가정에 먹구름이 되어 고통의 비를 내리고 천둥 번개가 치면서 강타하는 모습을 가끔 보게 된다. 한줄기의 폭우가 지나가고 구름이 걷히고 청명한 날이 되어 집안에 웃음이 가득해지고 희망이 넘치는 광경 또한 흔히 볼 수 있는 광경이다. 좋으면 좋은 대로 나쁘면 나쁜 대로 살 수 있는 것은 성인군자가 아니면 아무나 행할 수 없는 일이기에, 우리는 나쁠 때 서로 다투고 부수며 때리고 싸우고 있는 것이다.

나쁠 때의 경우를 참고 견디어내지 못하고 모든 일궈 온 것들을 잃어버리고 난 뒤에서야 후회하고 있으며 그 원인을 조용하게 반성하게 되는 것이다. 너무도 사소하고 하잘것없는 일로 또는 쉽게 말해서 파리똥이 아니라 모기똥만큼이나 적은 일로 시작하여 불씨가 되어 번지고 드디어 훨훨 타올라서 마침내 온 집안을 잿더미로 만들어 버리는 참혹한 경우 또한 가끔 마주치게 된다.

나는 부부 문제를 전문으로 연구하는 상담사도 아니며 다만 가족을 사랑하는 서생으로 두 권의 책을 써보았기에 어느 독자로부터 부부간의 문제를 상담해 보고 싶다는 전화를 받은 바 있다.

이 부부는 서로간의 자존심을 건드린 말 한마디가 불씨가 되어 걷잡을 수 없는 불화를 겪고 있다는 어느 중년 부인(60세)의 하소연을 접하였다.

고학력 부부로 일정 수준 이상의 경제력을 가지고 남들이 보기에 부족함이 없는 가정이라 생각되었다. 남편에게 독서를 좀 하라는 아내의 말이 불씨가 되어 수십 년 세월을 함께 해온 그들이 별거까지 하게 된 어처구니없는 사례였다.

부인의 소망은 책 읽고 있는 남편의 모습을 젊은 시절부터 항상 꿈꾸며 그림을 그려 왔지만 남편(65세)은 퇴직 후 친구들과 어울려 놀이(화투)에 세월을 보내고 있음을 항상 불만스럽게 생각하고 있었단다. 장성한 아들이 대학을 졸업하고 좋은 직장에 취직하여 결혼을 앞두고 일가를 이루기 직전의 가정에 노부부의 전쟁이 핵폭탄으로 번져 평화롭던 가정이 산산이 부서져 버리게 됐다고 했다. 이런 경우 심한 말도 아니라고 하지만 남녀의 자존심은 천만금 같아서 그곳에 독한 화살을 쏘고 만 것이다.

건설 회사에서 삼십 년을 보낸 남편은 성품이 약간 호방하여 친구들과 어울리는 외형적인 인물로 추정되며 아내는 빈틈없이 가정을 꾸려온 내성적인 여인이라고 생각되었다. 모성애를 발휘하며 항상 남편을 돌보며 지내온 세월이 너무 허망스럽다고 했다. 누구나 갖는 노년 초입에 들어선 여인들의 공통된 심정은 자기 자신을 발견하고 가족에게 희생하고 봉사해 온 과거가 너무 손해 보았다는 심리가 발동된 것이다. 급기야는 늦었지만 지금부터라도 별거하면서 해보고 싶었던 일들을 하면서 살아야겠다는 욕심으로 별거를 결심하고 독거 생활을 시작하고 만 것이다.

또 다른 사례는 의과대학을 나와 형설의 공부로 성공한 한 종합병원의 원장 이야기다. 부인 역시 약학대학을 나온 엘리트 약사로 삼남매를 키워낸 노부부의 황혼이혼 사례로 남편의 늦은 바람이 불씨가 되어 파멸을 부른 것이다.

가난한 집에서 태어나 어려운 학창시절을 마치고 의과대학을 졸업한 후 부유한 가정에서 성장한 아내를 맞이하고 난 뒤의 자격지심 때문에 외향적인 성격의 아내를 항상 조심만 하며 수십 년을 살아왔다. 그런데 어쩌다가 순종적인 젊은 여인을 만나고부터 수십 년간 지배받아 왔다고 판단된 자신의 삶이 너무 허무하고 공허하다고 생각되어 늦었으나 지금부터라도 자신의 아름다운(?) 여생을 꾸미며 살겠다는 욕심으로 이혼을 하고 지내는 경우였다. 남자의 표현으로 아내의 강한 성품이 항상 자기를 속박해 왔고 집요한 재산 증식의 욕심이 끝이 없어 자기는 항상 쫓기며 살아왔다고 믿고 있었다.

좋은 집에 살고 좋은 차를 타고 맛있는 음식을 먹는 것이 기쁨이고 행복이라고 생각되는 보통의 방정식에 어긋나는 경우가 바로 이런 두 가지 경우에서 찾아볼 수 있다.

첫 번째 부부 문제에서 몇 가지 특징을 찾아볼 수 있다. 그 부인이 중년을 넘기면서 누구나 겪는 인생에 대한 회의감과 함께 물리적으로는 체력이 감소되고 반대로 정신적으로는 모든 생활에 해이와 권태가 일어나는 시기가 왔기 때문이다. 소녀 시절부터 꿈꾸어 온 아름다운 삶이 이루어지지 못했다는 자괴감에 빠져 그 욕구의 불만을 배출하는 통로가 없다고 믿기 때문이다. 그래서 가장 가까이에 있는 남편을 배출의 상대로 정하고 신경이 예민해지면서 남편의 결함만을 찾아내기 쉬어졌으면서 더 나아가서 자기의 틀에 맞추려고 했기 때문에 잔소리가 나오고 그 요구가 더욱 커지면서 안달하는 모습을 보이게 되는 것이다.

그 남편 또한 과거와는 달리 아내의 간섭과 충고의 목소리가 잔소리나 바가지 긁는 소리로 인식되어서 젊었을 시절의 순하고 부드러웠던 아내가 점점 무섭고 표독스럽게 변했다고 판단하여 거부반응을 보이게 되고 점점 사이가 벌어지며 의견충돌이나 다툼이 잦아지고 있다고 본다. 많은 욕심은 더 많은 욕심을 불러오고 마침내 파멸의 구렁 속으로 빠지고 마는 평범한 진리를 외면한 이야기다.

어느 날 자신의 모든 것들이 무너질 때 대개의 사람들은 주저앉고 맙니다. 커다란 절망의 무게가 견디기 쉬운 일이 아니기 때문이지요. 그러나 한두 가지 중요한 사실 하나를 잊고 있습니다. 바로 지금 당신이 살아있다는 사실입니다. 절망도 희망도 모두가 살아있음으로 다툴 수 있는 행복한 특권을 누리고 있는 것이지요. 사람들의 관계는 역시 수많은 끈으로 연결되고 있으며 부부는 전생에서부터 이어져 온 수만 개의 인연의 끈으로 맺어진다고 했으니 한

순간 절망하고 포기하는 것은 수많은 인연의 끈 중에서 한 가닥일 뿐인 것이죠. 미워하고 헤어지는 이유는 그 많은 끈 중에서 하나에 불과할 뿐입니다.

사람들은 그 하나에 불과한 끈이 전부라고 착각하기 때문에 부부가 헤어지고 맙니다. 좌절의 끈이 끊어지면 또 다른 희망의 끈이 생겨나 뒤를 이어주는 것이 인생이죠. 아무리 궁전 안에 살고 있다 한들 자족하지 못하고 지낸다면 그 피폐한 모습이 지옥이지요. 만족하며 사는 사람이 값진 보석처럼 아름다운 인생이 아닐는지요.

두 번째 사실은 인간은 망각하는 능력이 있다는 것입니다. 지금은 선명하게 시시비비가 뚜렷이 가려져 나를 고통스럽게 만들고 억울하고 슬프게 한 일이라도 시간이 지나고 세월이 흐르면서 서서히 희미해지는 위대한 망각의 능력입니다. 오히려 세월이 지나고 나면 그립고 아름다운 추억이 되기도 하지요.

요구가 적을 때 마음은 편안해지고 짐을 내려놓을 때 무욕한 즐거움이 찾아오며 버림과 놓음을 알 때 행복이 찾아온다는 것을 알아야 합니다. 내가 귀하고 높다고 생각될 때는 반드시 상대는 더 귀하다고 생각한다면 자존심을 건드리는 말을 함부로 내뱉을 수 없게 됩니다.

'모든 일이 잘 될 것이다'라고 주문을 외우고 '행복할 것이다'라고 생각하면 반드시 잘되고 행복해진다는 순리가 아침에 창문을 열 때 햇살과 함께 찾아와 만나게 될 것입니다. 행복은 따로 있는 것이 아니고 우리 곁에 존재하고 있다는 평범한 진리를 깨닫게 될 것입니다.

아무것도 바라지 않고 더 이상 집착하지 않을 때 행복한 미소가 얼굴에 가득 찾아올 것입니다. 아무리 싫고 미워도 웃는 얼굴에는 모든 것을 다 이해하고 침을 뱉을 수 없듯이 용서한다는 표현으로 웃음 지을 때 행복이 스며들기 시작하며 약간의 어려움이나 고통 따위도 이겨낼 수 있는 힘이 되어 줍니다.

미소를 잃지 않고 지내고 있는 사람은 삶을 완성해 가는 아름다운 인생이라 믿습니다. 나를 낮추고 남을 높이며 살아가는 사람에게는 이 세상 모든 것이 기쁨으로 다가오기 때문이지요.

분노가 오다가도 휩쓸려가고 상대는 저절로 머리를 숙이며 다가서게 됩니다. 아무리 부부라 해도 함께할 때는 가족이지만 헤어지면 남보다 못한 존재이기 때문에 반드시 존경하고 이해하는 마음이 요구되는 것입니다.

궂은날, 쾌청한 날에도 나무는 그윽한 향기를 내뿜듯이 오랜 세월 가정을 위해 애써 온 남편과 아내도 그윽한 향기를 뿜어내는 늙은 나무와 닮았다고 합니다. 혹시 고통이 허리를 누를 때 뿌리를 땅속에 깊이 파묻고 물을 끌어올리며 아픔을 이겨내 온 그들이기에 이제는 나뭇가지를 서로 부비며 행복을 속삭이며 보내게 되겠지요.

괴로울 때는 씩씩하게 땅속에 뿌리박고 꼿꼿하게 서 있는 나무를 보고 용기를 배우세요. 눈물이 날 때는 하늘을 보고 떠다니며 흘러가고 있는 구름을 보고 마음을 가라앉히세요. 밤하늘에 별을 보고 서서히 움직이는 달을 보며 녹이세요. 아무런 이유도 없이 그저 바라보고만 있어도 좋은 자연을 보고 있노라면 슬픔도 울분도 눈 녹듯이 사라져 버리고 오히려 설레임이 일어나게 됩니다.

말없이 다가서는 그 설레는 마음이 바로 산만하고 울퉁불퉁 흔들리는 마음을 조용하게 잠재워 줍니다. 말없이 바라만 보다 흐뭇해지는 마음이 바로 행복이 아닐는지요.

깊은 고요 속에 나무에서 풍기는 향기를 마시며 떨어지는 낙엽 속에서 별빛을 보고 있을 때 바로 당신은 행복한 미소가 가득히 채워지고 있다고 봅니다.

그 숲 속을 지나가서 행복을 만나는 나그네가 바로 당신이었으면 좋겠습니다. 지금부터라도 남은여생의 텃밭에 행복의 씨앗을 심어 보세요. 먼 훗날 죽음을 맞이할 때쯤이면 그 꽃 속에서 눈을 감고 잠들 수 있을 것입니다. 그런 삶이 진정으로 가치 있고 행복한 삶이 아닐까요.

업둥이

봄이 무르익어 가며 뜰에 일년초 풀잎들이 무성해지며 바닥을 가리고 있을 때 정원 한켠을 갈고 두세 평쯤 텃밭을 일구어 깻잎이며 고추 묘목을 파종한 지 삼십여 일이 지나자 제법 모습을 갖추고 새순들이 얼굴을 내밀고 있다. 참새 떼들이나 까치 무리가 내려와 무참하게도 씨앗을 훔쳐간 낭패스러운 일이 있어서 아침마다 그놈들이 밤새 얼마나 자랐을까? 행여 날 짐승이나 쥐들이 상처를 남기지 않았나? 확인하는 버릇이 생겼다.

그런데 정말 놀라운 사건이 오늘 아침에 발생한 것이다. 앞마당 담장 바로 밑 맥문동 화초 속에서 아기 고양이 두 마리가 어미 품에서 젖을 물고 꼼지락거리는 황홀한 광경을 보았다. 분명 들고양이가 우리 집 조용한 정원 한켠을 빌려 해산을 한 것이다.

우리 내외는 오늘 업둥이가 우리 집에 찾아온 일이 큰 행운이며 복덩이라며 마음이 바빠지기 시작했다. 아내는 연신 어미의 젖을 물고 있는 이란성 쌍둥이 형제들에게 연민의 정을 보내며 먹을거리를 걱정하고 산모에게 줄 닭고기를 준비하느라 애썼다.

검정색 어미 속에서 노랑털 한 마리와 검정색 바탕에 노랑 점박이 한 마리가 눈을 뜨며 두리번거렸다. 어미 고양이는 처음에는 사람을 경계하고 몸을 피해서 달아났으나 그래도 새끼 주위에서 맴

돌며 모성의 보호본능이 거룩하리만큼 너무 갸륵하여 밥을 줄 때마다 눈을 마주치며 따뜻한 마음을 보내고 너를 해치지 않을 것임을 중얼거리며 교감을 보내었다. 며칠을 보내고 나니 이젠 어미도 새끼들도 편안한 모습이며 새끼들은 재롱으로 서로 목을 부둥켜안으며 몸을 비벼대고 어미 목과 등을 밟고 넘어서 숨바꼭질 놀이까지 하고 있다.

흔히 못된 사람이 개나 고양이보다 못하다는 말을 쉽게 하였으나 들고양이 어미의 숭고한 자식 사랑을 직접 보면서 조물주가 너무 신비스럽고 경외스러운 마음이 들었다.

몇 해 전 15년을 기르며 함께 살아온 진돗개 한 마리가 숨을 거두고 나서 온 가족이 이별의 눈물을 흘리는 아픈 추억 때문에 집에서 애완용 동물을 기르지 않으리라 마음먹고 한동안 우리 집에서는 동물 가족을 일부러 멀리하려 애써 온 터라 이번 업둥이 고양이에게 새로운 정이 일고 있는지 모르겠다.

한 달이 지나지 세 모자의 나정한 모습은 사라지고 점박이 검은 새끼만 나타나곤 했다. 언제가 될지 모르지만 이놈도 고향 집을 떠나 일가를 이루고 살아가겠지. 홀로 남아서 쓸쓸히 뜰을 거닐고 있는 것을 보니 싹을 보내고 난 외로움에 얼마나 가슴 아플까 염려스럽다.

은혜와 빚

남에게 베푸는 행위를 덕을 쌓는다고 하고, 남에게 신세를 지는 일은 빚을 진다고들 한다. 남을 위해서 자비로운 마음으로 착한 일을 할 때 그 사람은 덕망이 있는 사람으로 남들이 칭찬을 하게 되며, 반대로 남을 헐뜯고 깎아내리는 마음으로 손해를 입히는 일은 악행을 저지른다고 한다.

물질적인 재화의 도움을 받아서 지는 빚을 뜻하는 경우이거나 또는 따뜻한 위로나 격려의 말을 들어서 마음의 빚을 지는 경우도 있을 것이다. 이럴 경우 은혜를 입었다는 말을 하게 된다.

남을 위해서 베푸는 마음을 공덕을 쌓았다고 하며 받는 입장에서는 은혜를 입었다고 하며 또는 마음의 빚을 졌다고 한다.

공덕을 쌓으며 사는 사람에게는 재앙이나 불행이란 괴물이 접근을 못하고 은혜를 입은 줄 알고 깨닫고 사는 사람에게도 재앙을 비껴가고 있다.

살아가는 지혜와 용기를 불어넣어 주는 고대 유대인의 지침서인 탈무드의 가르침과 랍비의 교훈은 오늘을 사는 우리들에게는 공덕을 가르치고 있으며, 중국의 한나라 시절 인간 과학을 집대성한 논어 또한 모든 정치가와 지도자들에게 인(仁)과 의(義)를 중심으로 한 교훈을 가르치고 있다고 하겠다. 2,500년 전에 나온 논어에는 '어질 인(仁)'이라는 말을 105번이나 되풀이하며 인간들이 모여 사는 세상에 어질고 착한 마음이 으뜸이며 중심이 되어야 함을 강조했다고 한다.

오늘날에는 이스라엘 국민인 유대민족이 세계 도처에서 부를 이루고 인류를 이끌어가는 지도자로 많이 배출되고 있음 또한 그들의 조상들로부터 내려온 탈무드의 가르침을 통해 지혜를 배우고 자란 영향 때문이 아닌가 생각된다. 기원전 500년부터 기원후 500년 동안 이천 명이나 되는 학자들이 10년 동안 편찬한 책으로 전질 20권으로 엮은 탈무드의 방대한 서적 속에 인간이 행하고 지켜야 할 가르침을 담아 놓았기에 그 후손들인 유대민족의 우수한 능력이 입증되고 있는 것이다. 노벨 수상자의 30% 이상이 유대민족의 후손들이라는 사실을 보면 알 수 있을 것이다.

채권 채무에 관한 소위 민법이나 채권법, 물권법 등 민사 사건을 다루고 서로 다투는 사람들에게 옳고 그름을 판단하는 기준을 마련하여 수는 민법이 나와 있듯이 인(仁)과 의(義)를 가르치고 규정지은 논어나 맹자의 내용에 그 인간의 도리를 세워주고 있다.

나라를 다스리는 정치가는 반드시 맹자와 논어를 탐독하여 모범을 배워야 하고 조선 후기의 실학자 정약용 선생이 지은 목민심서를 필독 교본으로 한평생 공부해야 한다고 했다.

자존심(自尊心)

인간에게 유일하게 동물들과 다른 본능이 있다면 우선 자존(自存)이라는 무형의 심상이 있다.

물리적인 사례보다 형이상학적인 마음의 형태가 또 다른 표현으로 체면(體面)이라고도 하여 자존심 때문에 울고 웃으며 싸우고 심지어는 깊은 슬픔에 빠져 목숨을 내버리는 일까지 생겨나고 있으니 자존심의 가치는 어느 보석보다 더 값지고 태산보다 더 높은 의미가 담겨 있는 것 아닐까.

흔히 많은 재산을 잃고 낙담해서 자살하는 경우보다 자존심 또는 체면을 순간 잃어버리고 생을 마감하려는 사람이 많지 않을까 생각해 본다.

내 기억으로는 최고 경영자가 또는 고위 공직에 오른 젊은 인사가 청렴하게 삶을 살아온 흔적에 순간의 실수로 명예가 실추되고 가족과 후손에게 그리고 부하 직원들에게 부끄러운 존재로 낙인찍히는 것이 두려워 한강에 투신하거나 음독하는 사례가 자주 있었으며, 일개 국가의 수반 자리에서 최고의 영광을 누린 소위 성공한 사람이 자존심과 명예가 손상되어 끝내는 자살의 길을 선택한 참담한 비극의 역사를 보았다.

내가 즐기며 매일 운동으로 시간을 보내는 동호회의 고참 회원이 있는데, 체면과 자존심이라는 너울 때문에 나도 그도 자존심과 체면에 상처를 받은 웃지 못할 사소한 사건이 있었다.

아침 일찍 산중턱에 자리한 운동장으로 찾아온 내 독자 한 사람이 휴게실에서 나를 기다리느라 시간을 보내고 있는데 그 고참 회원이 함께 자리하여 누구를 찾아왔는가부터 시작하여 일체의 신상에 관한 질문을 한 모양이다. 마치 범죄인이나 유흥가 서비스 여인을 대하듯 더욱이 초면의 젊은 여인에게 나이와 결혼 여부 그리고 사는 집과 부모님의 생존에 관한 질문을 하자 그 여인은 함께 운동하는 나의 체면 때문에 참아가며 고분고분 대화를 하게 되었다는 어처구니없고 황당한 기분이었다는 후문이다.

남성이 초면의 여성에게 나이와 가정환경에 관한 질문은 너무 큰 결례이며 아무리 손위 어른일지언정 상식에 벗어난 행동이라는 것을 보통 성인들은 알고 있을 터인데….

더욱이 가관인 것은 뒤에 들어선 나에게 어떻게 그 여인을 알게 되었는가를 물어오니 어처구니가 없었으나 고향 사람이며 내 책의 독자라는 답변을 하였다. 그러나 슬며시 화가 나서 "당신은 남녀관계를 반드시 어두운 방향으로만 생각하시느냐?"며 반문했더니, 옆에서 듣고 있던 같은 회원 여성에게 자기의 체면을 다치게 하였는지 굳은 표정의 얼굴로 내게 서운함을 드러낸 적반하장의 사건이었다.

불과 네 살 연상이라 치더라도 평소 깍듯이 존대하며 대화하던 신입회원의 반토막 언사는 듣기에 거북한 것이 인간의 감정이기에 더욱이 고령의 인격을 부끄럽게 만든 것이다.

젊은 시절에 여색에 빠져 살며 장사로 모은 큰 재산을 잃어버린 자신의 방정식대로 나를 본 모양이었다. 한마디로 내 체면은 중요하고 맑아야 하며 남의 체면은 안중에도 없는 몰지각한 인격임을 드러내 놓은 꼴불견이 되고 말았다.

이런 사건은 학식이 요구되는 일도 아니고 특별한 기술이 쌓여서 옳고 그름을 구분할 수 있는 일이 아닌 지극히 상식의 판단력으로 실천할 수 있는 일이기에 굳이 거론할 가치 없는 난센스에 불과하지만 나이가 많다고 자기의 체면과 자존심은 지켜내고 싶은 본능 때문에 상대의 체면과 자존심에 상처를 내는 참으로 잘못된 행동을 경험하였다.

자존심을 소중하게 생각하는 사람일수록 인생을 담백(淡白)하게 살아가기를 바라고 비록 이기적이고 공리(公利)적일지라도 항상 경계하는 자세로 다듬고 살아야 할 것이며, 남을 무시하고 해롭게 하는 파렴치한 행동은 하지 말아야 하리라 생각된다.

자존심과 명예를 중시하는 사람에게 향기로운 냄새가 있다면 반대로 자존심과 명예를 소홀하게 여긴 사람에게는 부패한 악취가 몸에 묻어나게 되니 그런 자들에게 연민의 감정을 보내게 마련이다.

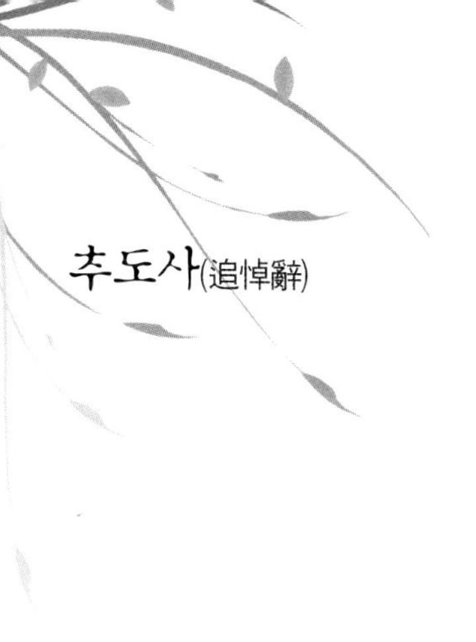

추도사(追悼辭)

죽은 사람을 그리워하고 슬퍼할 때 행하는 말이나 글을 추도사니 추도문이니 하고 특히 동양의 전통의식으로 조상들의 기일(忌日)에 고(告)하는 축문 또한 제문이 현대의 추도사와 그 의미가 같다고 할 수 있다.

내가 유교 가문에서 태어나고 자라면서 축문(祝文) 또한 여러 가지가 있어서 기억이 새롭다. 돌아가신 날에 드리는 제사 축문이나 장례 후 3일 후에 드리는 삼우제 축문이 있었으며 그 외 사토제 축문 또 평토제(분묘를 완성하고 제사를 지냄), 그리고 초우제(장례를 치르고 산소를 떠날 때) 축문이나 장례 후 3개월이 지나고 졸곡 축문이 있어 그 내용이 모두 고인의 사후 안녕을 위한 기원의 뜻이 담겨 있다.

얼마 전 작고한 기독교 집안에 문상을 간 일이 있다. 장례미사에서 고인의 영령 앞에 영혼의 안녕과 영생을 위한 주기도문을 읽으며 성경에 시편 90절을 주로 낭독하는 것을 보았다. 죽음 뒤 영혼의 삶을 위한 축문이 아닐까 생각된다.

얼마 전 일본에서 노벨 수상 작가인 유명인사가 친구의 장례식에서 고인(故人)을 추모하는 추도사를 들으며 감동으로 벅찼으나 죽은 친구가 들을 수 없었으니 너무 안타까웠다고 했다. 그 내용이 어찌나 아름답고 화려해서 관속에 누운 친구의 죽은 영혼에게나마 흠뻑 젖어들을 수 있는 멋진 추도 장면들을 보고 감격한 나머지 자신도 죽은 뒤에 추도사를 받을 것이 아니라 살아생전에 친구와 후배들로부터 추도사를 듣고 싶다는 생각을 하게 되었다고 한다. 그래서 집에 돌아와 가까운 친척들과 지인들에게 내 생전 추도식을 거행하고 싶으니 한 자리에 모여서 앞으로 모월 모일에 자신의 장례를 치를 예식을 생전에 하고 싶다는 안내문을 보내고 친구와 친척들이 보내준 추도사를 모아 한 권의 책으로 편찬해서 귀중하게 보관하고 있다는 소식을 들었다.

우리가 지금까지의 상식을 깨는 괴기한 생전의 장례식을 거행하고 많은 노인들로부터 부러움과 찬사를 받았고 일본뿐 아니라 서구에까지 유명해졌다고 한다.

내가 평소 존경해 온 선배께서 자기 추도문을 써 달라는 부탁을 간절하게 하기에 다음과 같은 추도문을 드린 바 있어 소개한다.

〈**추도문**(追悼文)〉

정섭(正燮) 형에게

존경하는 형님 영전에 바치고 싶어 헤어지기 전에 얼굴 앞에서 이 글을 드리고자 합니다. 떠나가야 할 길이 우리 인간들에게 정해진 분명한 자연의 섭리일지라도 이제 앞서거니 뒤서거니 저 언덕을 넘어서 떠나야 할 운명인가 봅니다.

평생을 의롭게 살아오시며 공직에서 몸담을 때나 사업을 해 오실 때나 나라 발전에 이바지하는 강직하고 후덕한 정신은 주변의 많은 후배들의 귀감이 되셨습니다.

실향민으로 혈혈단신으로 반세기 이상의 세월을 모진 타향에서 가계를 돌보시고 나아가서 청운의 뜻을 세우시고 생계를 위해 인생을 어떻게 살아야 하는가 틀을 잡으시고자 신계(身計)를 위해 나라에 봉사하는 공복의 길을 택하셨고, 부패와 추악함이 깊이 물든 건국 초기의 자유당 치하에서 공무원으로 내무부와 감사원에서 고고한 몸가짐으로 불의와 절대로 타협하지 않았으며 어떤 정신으로 입신해야 함을 스스로 실천해 오시고, 은퇴한 뒤 여생을 어떻게 보내야 할 것인가의 노계(老計)를 생각하고 항상 고민하시며 어떻게 죽어야 하는가 사계(死計)를 항상 염두에 두시며 노년을 보내고 계신 형님을 잊을 수가 없습니다.

인생살이에 정석(正鉐)이 없다 하나 고개마다 넘어오신 형님의 발자취는 이상과 현실이 비록 거리가 멀고 색깔이 어울리지 않았을 때도 타협을 싫어하셨고, 초지일관 양심에 따라 처신하셨으며, 불의와 타협하지 않는 기품의 삶은 청량한 바람으로 주변의 친지들과 후배들에게 마음과 몸을 씻어 주셨습니다.

많은 노인들은 실수나 과오를 핑계대며 변명하고 숨기려 하지만 형님께서는 부자연스러움을 숨기려 들지 않으시고 오히려 낭낭하게 행동해 오신 아름다움을 가지고 계셨습니다. 노인들이 갖기 쉬운 의지하는 치사한 근성은 절대로 어울리지도 않은 성품의 소유자이셨기에 평생 살아오시면서 자존심을 지켜 오신 형님의 삶의 씨잇의 자취가 장성한 두 아들로 꽃을 피우셨고 알찬 열매로 손자를 거두었기에 여한 없이 이승을 가벼이 떠나실 수 있으리라 믿습니다.

그러나 아직도 골수에 한으로 맺힌 고향 땅에 두고 온 형제들에 대한 그리움은 평생토록 한으로 쌓여서 형님을 괴롭혀 왔으니 남북통일을 앞에 두고 그날까지 굳세게 건강을 돌보시어서 꼭 소원 이루시고 고향에 뼈라도 묻히시길 염원드립니다.

살아 숨 쉬는 날까지 고매한 품격으로 더욱 찬란하게 가르침과 모범을 보이시어서 형님을 존경하고 따르는 후배가 더욱 우러러 추앙하게 하는 기쁨을 주시리라 기대합니다.

이 글은 비록 비단에 적지는 못했으나 고인의 상여 뒤를 따르며 추도하는 만장(輓章)으로 대신하여 생전에 올리는 추도사로 가름하고자 합니다.

연어가 수천 리 물길을 따라 어릴 적 자란 산골 냇물로 찾아와 부화를 해서 후대를 이어놓고 일생을 마치는 광경을 흔히 볼 수 있다. 소위 귀소본능의 일환인 연어의 일생 모습이다. 인간도 노령이 되면 동물들과 마찬가지로 태어난 고향을 찾아가고 싶어지고 어릴 적 입맛을 적셔준 유년기에 섭생했던 음식들을 그리워하게 되는 모양이다. 젊을 때는 식욕이 왕성하여 호기심으로 여러 음식을 즐기게 되지만 나이가 들수록 결국엔 태생지의 고향에서 먹어본 음식들을 찾게 된다.

산간벽지에서 자란 사람에게는 고사리, 더덕 등 산나물 음식이 그리워질 것이며 바닷가에서 자란 사람에게는 바지락, 꼬막, 파래 등 바다에서 나온 음식을 더욱 그리워하게 마련이다. 자연의 회기본능의 일환이라 하겠다.

꽁보리밥에 된장국을 광고하는 음식점 간판이 추억의 명물로 한때는 유행하였으나 반세기쯤 지나면 지금의 우리 아이들에게는 피자집이나 핫도그 집이 추억의 음식점으로 자리 잡을지도 모를 일이다.

1960년도에 서울 장충동의 남산자락의 한옥에서 하숙할 때이다. 평양에서 월남하신 노부부께서 한 끼도 빼놓지 않으시고 세 끼 밥상에 콩비지국을 올려놓으시며 "보약이다, 보약" 하시며 보약을 강조하신 기억이 떠오른다.

오랜만에 늙은 아내가 콩비지에다 돼지고기와 시래기를 함께 삶은 국을 준비했다. 보통 우리 두 내외가 특별하게 즐겨 먹는 돼지뼈 감자탕에 들깨가루를 푸짐하게 섞은 시래기국을 먹고는 하였는데 갑자기 콩비지탕을 밥상에서 보고 오십 년 전 당시에는 질리도록 먹었던 음식이 반갑고 그리움을 불러왔다.

우리 집의 음식문화가 어릴 때 성장해온 시골 농촌의 환경 탓에 옛날 전통의 남도음식 형태를 벗어나지 못하고 지금까지 콩류로 만든 두부며 된장 등으로 주된 반찬을 이어져 내려오고 있는 것은 아내에게 각인된 부모님들의 전통 솜씨를 답습해서 이어지고 있음을 알 수 있다.

집에서 직접 갈아서 만든 콩비지국을 보면서 신비의 보약이라 아내를 칭송하며 세끼 식사를 즐겁게 하고 있다. 고마운 마음을 아내에게 보내게 된다. 여름철이면 내 아이들이 특별하게 엄마의 냉콩국수를 칭송하며 즐겁게 먹은 모습들과 어울러서 추억의 음식들과 더불어 따뜻하게 펴진 정겨운 우리 가족의 평화로운 모습들이 그리워지고 있다.

콩 종류는 거의 불포화 지방산으로 혈액 속의 나쁜 콜레스테롤을 낮춰 주는 음식으로 고혈압이나 당뇨를 예방하고 항산화 물질이 많아 암을 예방하고 치료하는 음식으로 일본에서는 지상의 음식 중의 으뜸이라 여기고 있어 세계에서 가장 장수하는 국민으로 유명한 사실이 되고 있다. 식물성 기름인 콩기름 역시 리놀렌산이 50프로 정도 함유되어 있어서 콜레스테롤 수치를 낮추는 약으로 유행하고 있는 실정이다.

영양학적으로는 플라보노이드가 다량 함유되어 있어 인체의 면역력을 높여주고 비타민, 칼슘, 인 등의 영양소가 골고루 내포되어 당뇨병을 치료해 주고 특히 유방암을 치유하는 특효 음식이라 전해지고 있다. 옛날에 작은 고추가 맵다는 말로 작은 콩에는 영양소가 어마어마하여 만병을 미리 쳐내는 신비스런 보약이라 칭찬할 만하다.

식양술에서 권유하고 있는 알칼리성 물질도 건강유지에 필요하지만 병행하여 운동을 해야 질병의 퇴치에 효과적인 것이 현대의학에서 입증되고 있는 것이다.

당뇨와 고지혈증으로 고생한 지인의 이야기다. 소식으로 체중을 줄여서 가벼운 보행을 할 때에도 가족의 부축을 받고 내원했던 환자가 혼자 걸어서 퇴원하는 것을 병원환자 성공사례에서 보았다. 콩을 위주로 한 음식과 소식이 주효했으며 많은 시간 몸을 움직였다고 했다. 역설적으로 몸을 움직이지 못하게 침대가 환자를 묶어놓고 질병을 못 낫게 한다는 말은 적당한 운동의 중요함을 비유하는 말로 해석할 수 있다. 고대의 식양술에서도 식사를 바르게 하고 소식하며 적당한 운동을 하게 되면 에너지가 넘쳐 몸에 저장되어지고 활기찬 일상생활을 해낼 수 있다고 주장하고 있다.

나는 삼십 년 전쯤 한창 나이에 당뇨병이라는 검사 결과를 통보받고도 대수롭지 않게 여겼던 어리석은 과거가 있었다. 물론 당뇨로 인한 합병증이라는 생소한 의학지식이 전무한 상태로 항상 피로하고 다갈 · 다뇨증상을 느끼면서도 치유보다는 몸이 원하는 음식으로 해결하고사 청량음료를 입에 달고 지냈으며 원기회복제,

피로제 등으로 약물에 의존하며 해결하는 습관으로 병을 키워가고 있었다. 치아가 흔들리고 시력이 나빠지면서 병원을 찾아 검진을 받고 식전 공복혈당 수치가 250과 식후 혈당수치가 300이란 무서운 결과로 사형선고와 같은 의사의 판정을 받고서야 알약 대신 인슐린 처방을 받으며 매일 규칙적인 운동요법과 병행하라는 강력한 권고와 지시가 내려졌다.

식이요법과 함께 그때부터 당뇨에 관한 책을 두루 읽으며 성공사례를 접하고 서서히 자신을 얻고 혈당수치가 내려가기 시작한 것은 3개월이 지난 뒤부터였다. 그동안 사십 년 가까이 당뇨와 싸우며 지내온 덕에 당뇨병에는 반 의사가 되었다고 자부한다. 현재는 정상에 가까운 공복혈당 130과 식후혈당 170을 유지하며 활기차게 하루를 보내고 있다.

소위 530법칙으로 1주일에 5차례 하루 30분 이상씩 규칙적으로 걷기를 실행하고 마음 비우고 희망을 품으며 오늘 하루를 가득 가득 채우고 내일을 꿈꾸며 아름다운 노년을 보내려고 애쓰며 행복하게 살고 있다.

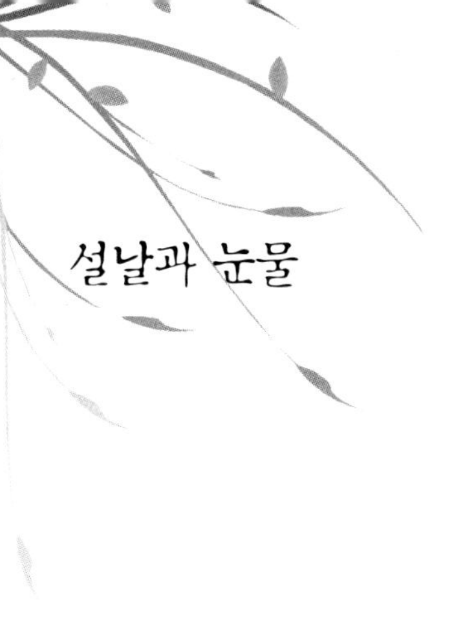

설날과 눈물

뱀띠 해의 첫날인 정월 초하루, 우리 고유 명절인 설날 아침이다. 이날 아침에는 멀리 떨어져 살고 있는 가족들이 한자리에 모여 조상님께 새해의 안녕과 행복을 빌고 지난해의 무사함을 감사드리는 의미로 차례를 지내는 것이 수백 년 동안 우리의 아름다운 풍속이 되고 있다.

먼저 제사상에 위패로 모신 조상님께 인사를 드리고 난 후 내 자손들 모두가 우리 내외 앞에서 세배를 하며 올 한 해의 안녕과 행복을 축원하는 의미로 인사를 한다. 그리고 웃어른은 덕담으로 후손들에게 답례를 건네게 된다.

우리 내외가 아랫목에 좌정을 하고 내 자식들과 손자가 세배를 하자 한 자리가 매번 비어 서운한 마음이 올해에도 매우 커서 울적한 마음이 일어났다. 큰아이가 미국에서 수십 년을 살면서 우리 가족이 함께 모이는 설 명절에는 참석하기 어려운 일이 이번만이 아닌데도 내 나이가 더 먹어 가는 징조인지 새삼스럽게도 금년 설 모임에는 그 흔적이 뚜렷해 마음 한구석이 휘영한 모습이 되었다.

조상님께 차례가 끝나고 아침 식사를 할 무렵 전화벨이 울리기에 미국에서 온 큰아이 전화거니 생각하면서 받았다.

"아버지, 새해 복 많이 받으세요. 그리고 건강하세요. 아버지, 사랑합니다!" 하며 울먹이는 목소리는 내 사랑하는 큰딸의 목소리였다. 이심전심이었을까. 허전했던 마음 때문인지 큰아이의 반가운 안부인데도 내 눈시울이 뜨거워지며 목이 메어서 아무런 덕담을 건네줄 수가 없었다. 한 시간 전 큰아이 빈자리로 울적했던 심정에 불을 당기고 만 것이다. 수화기를 내려놓고 서재로 들어가 소리 없이 흐느끼며 눈물을 쏟아내고 말았다.

오십 년 전 큰아이의 유년시절의 아련한 모습이 영상처럼 눈에 선하며 더욱 보고 싶고 그리워지는 것이 혈육의 정인 모양이다. 멀리 떨어져 타향 땅에서 살아가고 있는 그 아이도 부모형제 온 가족이 한자리에 모여 있는 고향에 대한 그리움이 오죽했을까. 아비의 "여보세요?" 하는 목소리에 목이 메었으니 안타깝기만 하다.

이제는 중년이 훨씬 지나 한 가정을 꾸리고 행복하게 생활하고 있는데도 불현듯 낳아주고 길어준 고향의 부모가 그리워지는 감정이 복받쳐 애처로운 마음이 아비에게 고스란히 전달되어 가슴을 저미었다.

한동안 잊고 지내던 큰아이의 갓난아기 시절부터 초등학교, 중학생 시절의 모습들이 영화 필름처럼 달콤하게 떠오르고 있으니 좀 더 많이 좀 더 따뜻하고 부드럽게 사랑하지 못한 후회스러움이 가슴을 적셨다.

이제야 후회한들 무슨 소용이 있겠는가. 가장 가슴에 맺힌 잘못으로는 돌 이전에 모유가 부족해서 찹쌀 미음으로 대신했는데 오죽이나 소화가 안 되었으면 항상 울며 보챘을까. 그저 체한 줄로만 판단하고 활명수를 매번 물처럼 먹이던 일이 머릿속을 짓누른다. 혹시 이런 부작용 때문에 치아가 비정상적으로 발아된 것이 아닌지 지금까지도 의문이 되고 있어서 부모의 무지가 죄스럽고 미안한 마음이 무거운 돌멩이가 되어 불현듯 가슴을 찌르고 만다. 모유가 부족하면 분유나 우유를 구해 먹일 수도 있었을 것을 가슴을 치고 후회스럽다.

나를 울먹이게 한 그 큰아이의 손자 손녀가 이제는 모두 대학생으로 대견스럽고 자랑스럽기만 하다. 오는 6월에 미국의 온가족이 할아버지 댁에 온다고 하니 보고 싶은 내 후손을 만나는 날을 손꼽아 기다릴 뿐이다.

노래방

유명 가수의 콘서트나 성악가들의 음악회에 가서 듣고 즐기며 마음을 채우는 음악 애호가들이 있는가 하면 나처럼 기분이 좋을 때 또는 울적할 때 동네 노래방을 찾아가 목청껏 소리를 지르고 기분을 다스리는 경우도 있다.

가끔 우리 노부부처럼 노인들이 노래방을 찾는 경우도 있어서 건강한 증표로 여가를 보낸다며 젊은 주인의 반가워하는 모습이다. 상업적이 아니라 부러운 시선으로 정성스런 대접을 받으며 즐거운 시간을 보내고 있는 경우다.

우리 두 내외의 노래는 주로 흘러간 추억의 전통가요로 1940년대에서 1960대에 유행했던 노래들이 거의 대부분으로 노래들이 나라가 가난하고 일본의 치하에서 고통 받고 산 어두운 시절에 탄생한 것들이라 가락이나 멜로디가 애절하고 한이 묻어난 것들이라 해도 과언이 아니다.

노랫말 속에 인생의 오만 가지 삶의 풍상들이 담겨 있어 삶의 쓰고 단맛의 의미를 일정한 박자에 따라 음정의 고저로 소리 내어 가락에 실어 엮어 부르는 노래가 주로 즐기는 곡들이다.

내가 어린 시절 10대 때 동네 청년들이 부르는 노래들이 지금도 음정과 박자가 거의 올바로 기억되고 따라 부를 수 있으니 청장년

시절에 유행한 발라드풍의 노래는 그 당시 따로 특별하게 공부해서 배워 부를 수 있는 한두 곡목들이 지금 또래의 벗들과 함께 노래방에서는 돋보이는 신식 노래로 각광을 받았으니 쓴웃음이 난다.

온 국민이 즐겨 듣는 록풍의 음악이 휩쓸고 있는 요즘에도 면면히 흐르고 있는 전통 트로트인 4분의 4박자의 전통가요나 우리가 조금 멋을 부린다면 70, 80세대의 가수들이 부른 발라드풍의 부드럽고 순하디순한 노래들도 우리 부부에게는 몸에 맞는 옷처럼 다정스럽고 친근한 것이 사실이다.

꺾이고 늘일 때 추임새를 넣어 진한 감정을 실어서 정성껏 부르는 트로트 가수들이 훌륭하고 사랑스러운 것이 잔잔한 감동과 생명력을 실어서 청중에 보내주니 국민 가수왕이라는 칭호를 지니며 오랫동안 인기를 지킨 비결이라 믿고 싶다

어제는 동호회원 중 평소 존경하는 선배 두 분과 저녁을 마치고 노래방에 들러 각자 몇 곡씩 열창하였는데 선배 분들의 건강한 체력에서 나오는 풍부한 성량과 노래 음정이 정확하고 박자가 맞으니 듣기에 참 좋았다. 그러나 체력이 뒤떨어진 나의 목소리는 고음처리가 안 되고 호흡 또한 엉망이 되어 박자가 맞지 않으니 창피스럽고 부끄러운 마음을 숨길 수 없었다.

지난날에 남보다 한발 앞서서 노래를 부르고 전자오르간을 연주하며 자랑스레 지낸 과거를 추억한들 무슨 의미가 있겠는가. 지금의 참담한 사실을 인식하였으니 반성하고 곱씹으며 체력을 보강해야겠다는 일념으로 집으로 돌아왔다.

바로 하루를 행복한 즐거움으로 마무리하려는 과정에서 그래도 익숙한 우리 가요를 부르는 만절의 시절이 거의 지나면 귀로 듣고

즐기는 행복을 누려야 하는 순서가 기다리고 있으니 흑인영가나 불교의 찬불가, 기독교의 성가를 포함하여 내가 평소 좋아한 현악기의 선율로 마음을 다스리고 다른 방식의 즐거움을 찾을 수밖에 없으니 오늘 노래방에서 터득해 낸 또 다른 즐거움이 아닐까.

벗에게 사죄드립니다 (I)

산길을 홀로 걷노라면 그 시간은 너무 행복합니다. 가을 낙엽이 발목까지 쌓인 길을 걷고 있을 때는 마음이 고요해지고 겸허해집니다. 자동차 엔진 소리, 사람들의 떠드는 소리가 사라진 조용한 산속 길이 조금은 쓸쓸하기도 하지만 그래도 그 길이 나는 즐겁습니다. 외롭고 그리움들이 함께 찾아온 시간들을 보내며 지나온 날들을 뒤돌아 볼 수 있기 때문입니다. 지금은 너무도 하찮은 일이 되어 버린 일들이 그때에는 내 삶의 전부라 생각되어서 큰 바위처럼 가슴속에 자리 잡은 사건들이 지금은 오히려 너무 그리워지기까지 합니다.

울고 싶어지는 울음을 참느라 가끔은 목을 누르고 침을 삼키며 그리움을 바스락거리는 낙엽소리에 묻어 놓고 얼굴에 애써 웃음을 담아보려고 노력해 봅니다.

그러나 그 얼굴에 웃음 대신에 쓸쓸함이 떠나지 않고 담겨 있습니다. 쇠말뚝처럼 깊숙이 박혀 있는 죄업 때문에 즐거울 수만은 없는 시간이 되어 버립니다. 인간에게 주어진 망각이라는 괴물도 찾아와 주지 않고 비켜가 버립니다. 아무리 혈기왕성한 젊음의 시절이라지만 남의 가슴에 깊이 상처를 주었던 일이 맑은 정신으로는 용서받고 이해할 수 없는 일이란 것이 확실해졌습니다. 내가 부모가 되고 자식을 키워 보니 더욱 그분들의 아픔을 이해할 수 있게 되었습니다.

지금은 고인이 되었을 영령(英靈) 앞에서 명복(冥福)을 빌어봅니다. 거듭거듭 고개 숙여 용서를 빌고 있습니다. 다음 생애가 있다면 그 죄업을 마다하지 않으며 받아들이겠습니다. 불가에서 인연을 전생에서부터 연유하여 이생에까지 이어진 끈이라 해도 끈이 매듭지어지기도 전에 그 악연은 불에 타서 재가 되어 버렸습니다. 이제 미안하다는 말밖에 할 말이 없습니다.

용서를 빌고 있다는 말밖에 다른 할 말이 없습니다. 미움과 원망을 받아도 누구에게 탓할 수 없습니다. 지금 생의 이별을 전생의 빚을 갚아가는 일이라 생각해 봅니다. 그것만이 숨을 편히 내쉬고 마음을 겸허하게 다스리며 남은 내 생명을 이어갈 수 있기를 바라기 때문입니다. 모든 인간이 행복한 삶을 꿈꾸듯이 행복한 마음으로 웃음을 얼굴에 묻히고 즐겁게 하루를 보내고 싶은 욕망 또한 내게도 자리 잡고 있나 봅니다. 인간이기 때문인가 봅니다.

어제는 그리운 벗이 먼 곳에서 찾아왔습니다. 버스를 한 시간 타고 또 지하철을 한 시간 타고 내가 사는 동네까지 찾아왔으니 "먼 곳에서 친구가 찾아오는 즐거움이 어찌 크다 하지 않으리요"란 옛 선비들의 찬사를 음미해 보곤 했습니다.

어젯밤을 설레며 보낸 반가운 만남이 기다림의 보람이 된 것입니다. 한창 꿈 많던 소년 시절에 청운의 꿈을 논하던 회고담으로 시작하여 그동안의 안부를 주고받으며 실타래를 풀어내듯 정다운 이야기로 반나절을 함께 보냈습니다.

학교를 졸업하고 가는 길이 다르기에 반세기를 서로 멀리 걸어 온 이야기들이 태산같이 쌓였으나 쉬엄쉬엄 꺼내 놓으며 반나절을 토해내었으나 못다 풀어낸 실타래는 다음을 기약하였습니다.

일생을 훈도로 후학을 가르치는 일을 업으로 해 온 고결한 인품과 따뜻한 마음을 지닌 어진 덕망 있는 벗이었습니다.

화목한 가정을 이루었고 이제 건강만을 위해 힘쓰고 지내는 참으로 부러운 인덕을 갖춘 벗으로 건강을 남보다 뛰어나게 유지하며 값진 나날을 즐겁게 보내는 그 벗이 존경스럽고 부러웠습니다.

먼저 이승을 떠난 친구를 화두에 올려놓으며 잠시 숙연한 침묵이 흐르고 맙니다. 누구에게나 찾아오는 죽음의 손님을 어떻게 맞이하는가를 화두에 걸어 놓으며 서로 생각하는 바를 주고받았습니다. 살아오면서 잘하고 잘못하는 일들을 정리해보며 잘못한 부분은 늦었으나 반성하고 용서를 빌어야 한다는 의견을 모으게 되었습니다.

법률이나 규범에 저촉이 안 되어도 도덕적 양심의 심판에 따라 과오를 범하고 해서는 안 되는 일들을 모두 드러내 놓으며 용서를 빌고 사죄해야 한다는 뜻을 모았습니다.

내일부터라도 옷깃을 스치는 인연 있는 사람들을 만날 때마다 "수고하십니다, 감사합니다, 고맙습니다"를 입에 달고 진심으로 상대에게 건네면서 하루를 보내고 싶어졌습니다.

그게 수고로운 일도 아니며 더욱 비용이 들어가는 일도 아니기에 마음만 먹으면 실행하기 쉬운 행동요령이며 아름다운 언행이라 생각됩니다. 그 친구는 너무 좋은 생각이며 철학이 담긴 값진 행동 강령이라고 적극 찬동하였습니다. 한발 나아가서 "사랑합니다"를 보태며 살자고 격려하였습니다. 겸손과 하심 그리고 사랑, 그것이 보석이라 생각합니다.

꽃이 해에게 감사하듯이, 노을이 자신의 발걸음을 그대로 받아준 바다에 감사하듯이, 황혼의 저녁길을 걸어가고 있는 나에게 별빛에 감사하고 지내는 것이 노을처럼 남은여생을 아름답게 보낼 수 있는 행복한 삶이라 믿어봅니다.

먼 훗날 "내 평생이 행복했습니다"라고 말할 수 있었으면 좋겠습니다. 살다가 마지막 남긴 말이 "사랑합니다, 고마웠습니다"라고 했으면 좋겠습니다. 그 인생이 잘사는 인생이고 노년을 화려하게 마무리하는 길이겠지요.

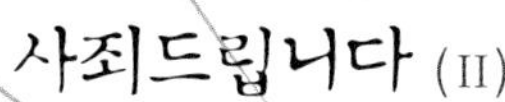

사죄드립니다 (II)

어머니의 자궁 밖으로 나오자 한 살이 되었습니다. 열 살이 되고 나서는 어서 스무 살이 되어 청년이 되고 싶었습니다. 스무 살이 되면서 잃어버리고 지나친 것이 하나 있었습니다. 오늘 내가 흘린 땀이 십 년 뒤, 이십 년 뒤 내 명함이 될 것이라는 놀라운 사실을 잊고 지냈습니다.

서른 살이 되면서 이성을 그리워하고 연애를 하고 싶어서 예쁜 여자를 만나 아이를 낳아 기르며 행복한 가정을 이루어 살고 싶었습니다. 그래서 장가를 가고 가정을 이루었습니다.

서른 살이 되어서는 아이를 낳고 기르며 가르치고 살았으나 아이들의 장래를 걱정하며 생각하는 중요한 일들을 잊고 지냈습니다. 오늘 내가 잘했으니 너도 잘해야 한다는 생각보다 오늘 내가 잘못했으니 너는 잘해야 한다는 가르침을 빼놓은 채 세월을 보냈습니다.

마흔 살이 되면서 일어서는 나이가 되었으니 부를 이루고 높은 자리로 오르며 소위 말하는 출세를 하고 싶었습니다. 마흔 살이 지나고서는 주변의 아름다운 여인들의 유혹을 뿌리치지 못하고 그녀들의 품속에서 쾌락만을 즐기면서 그것이 인생의 전부인 것처럼 세월을 죽이며 보냈습니다.

그 부분이 내 인생에서 가장 후회스럽고 용서를 빌고 싶은 세월이 되어 버렸습니다. 신체적으로는 갱년기가 되어서 삶이 허무해지고 가끔은 우울해졌습니다. 때로는 짧게 스쳐갔을 뿐인데 사소하기 그지없는 그 사건들이 오래 사라지지 않고 기억 속에 자리 잡고 있다가 마치 모래밭 속에 묻혀 있는 햇빛에 반짝거리는 사금파리처럼 문득 내 마음에 빗방울을 뿌려주고 있었습니다.

쉰 살이 되니 어느덧 내 인생이 저물어 가는 고비에 이르러 날마다 생각이 깊어졌습니다. 쉰 살을 넘어서니 차츰 욕심이 나기 시작하여 내 생활에 변화를 일으키며 하늘을 날고 싶어 안정된 직업을 버리고 사업이라는 모험을 시작해 보았으나 십 년을 버티지 못하고 넘어지고 말았습니다.

백수 일 년이 되면서 갈 곳도 없고 만날 사람도 없어 사는 것에 아무런 낙이 없었습니다. 사회적으로 잘나가던 시절에 은퇴를 하고 보니 앞만 보고 열심히 살아온 삶이 너무 억울하고 허무감과 배신감이 들었습니다. 앞으로 살아갈 세월에 대한 두려움과 우울증이 마음을 감싸고 몰아가고 있었습니다.

예순 살이 되면서 아 벌써 환갑의 나이를 지나고 있으니 살아온 인생이 초조해지기 시작했습니다. 그러나 한편으로는 지금까지 교통사고도 비켜내고 한때는 무서운 병마와 싸워 물리치고 60년을 지내온 것이 감사하기도 했습니다. 먼 길을 무사히 돌아왔다고 흐뭇해지기도 했습니다. 비록 고통으로 가득한 마음을 비우고 미움을 지우는 일이 힘들어도 그래도 옹졸함을 버리고 장인이 도기를 빚듯 작품을 만들어 가야 한다고 생각합니다. 위대한 작품을 만들어 가는 장인이 되어야 합니다. 그 시간들이 우리 인생이고 삶입니다.

인생의 절반을 훨씬 더 산 내 모습을 봅니다. 아직도 내게 많지는 않으나 그래도 시간이 남아 있다는 것이 축복이었습니다. 하늘의 수많은 별들 중 새벽녘의 금성을 계명성이라 부르고, 노을 진 저녁에는 태백성이라 부르듯이 늙어갈수록 태백성을 보고 희망을 걸어두고 나를 추스르며 살아왔습니다.

내가 타고난 재주도 없고 능력도 없으면서 야망과 욕심만으로 내 과제를 성취도 못하면서 허둥거려 왔으나 한줄기 희망은 그것이 바로 좋은 글을 쓰는 일이란 걸 알았습니다. 힘의 원천이 되어주었기 때문입니다. 영혼의 청춘을 지켜 주고 있기 때문입니다.

태산같이 쌓인 해보고 싶은 일들을 아무 소득 없이 보낸 세월이 너무 안타깝고 미워지기까지 합니다. 나 자신이 밉고 가증스러워서 발가벗은 맨몸으로 팽개쳐진 겨울나무가 되고 싶어졌습니다. 아무리 머리를 세차게 흔들어도 지난날의 지워지지 않는 후회스러운 일이 회한으로 자리 잡고 나를 괴롭히고 있습니다. 다른 할 말이 없습니다. 미안하고 사죄드린다는 말밖에 할 수 있는 것이 없습니다.

그러나 내 작은 육신과 불쌍한 내 영혼을 측은하게 생각하지 말자. 내가 나를 사랑하지 않으면 누가 나를 사랑하리요. 못나고 용기 없고 능력 없다 해도 내 자신을 용서하며 살자고 했습니다. 내 허물을 용서할 줄 모르면서 어찌 타인의 허물을 용서할 수 있겠는가. 내 영혼을 따스하게 덮어준 뒤 다음에는 남의 손을 따스하게 잡아주어야 할 것이라 생각합니다. 그것이야말로 진정한 나 자신을 아끼고 사랑하는 길이라 믿습니다.

일흔 살이 되고 보니 파도가 벽에 부딪치는 막바지 내 인생의 끝에 다다랐음을 깨닫게 됩니다. 그러나 인생은 24시간 중 21시를 가리키는 끝자락의 시각에서라도 자정까지 세 시간의 여유를 보면서 그 벽을 넘어서 다시 창조하는 무지갯빛 그림을 그리고 싶고, 정신적인 성숙의 시작의 출발점에 와 있다고 자신을 위로하며 다짐합니다.

일곱 빛깔을 한 가지씩 색칠하여 여든 살에 세 가지쯤의 일을 이루고, 아흔 살을 바라보며 다섯 가지, 여섯 가지 일에 도전하면서 살아가고 싶었습니다.

마침내 백 살이 되면서 참으로 아름다운 7가지 색깔의 무지개색 그림으로 나의 인생이 마무리되면서 은빛 찬란한 실버인생이라 이름 붙여 아름다운 무지개 인생으로 다시 자연의 품속으로 돌아가고 싶습니다.

세족식(洗足式)

얼굴을 씻는 세안(洗眼), 마음을 씻는 세심(洗心)이라는 말은 흔히 사용되고 자주 듣는 말이지만 발을 씻는다는 세족(洗足)이라는 용어는 생소한 이야기라 생각되었다.

세족례는 가톨릭교회에서 목요일에 행하는 예식으로 예수가 십자가 못 박히기 전날 밤, 최후의 만찬에서 제자들의 발을 씻겨주는 예식으로(요한복음 23장) 시작되었다고 했다.

얼굴을 닦고 씻는 일이나 자기 몸을 씻는 일이 흔한 일이나 세족은 남의 발을 닦아주는 의미가 담겨 있어서 남의 몸을 닦아주는 헌신과 봉사의 뜻이 담긴 감사한 마음과 더욱 싶은 고마움의 표현으로 그 효과는 계량하기 어려울 만큼 크게 나타나고 있음을 알 수 있다.

어느 글로벌기업 대열에 들어선 중소기업 사장의 기업 성공역사를 소개하는 TV프로에서 사원들의 생일을 맞이하여 기념행사로 케이크에 촛불을 켜고 모든 직원이 둘러앉아 생일축하 노래를 마친 후 사장이 사원의 발을 씻어주는 세족식 행사를 소개한 바 있었다.

그 신입사원뿐만 아니라 모든 사원들이 그런 정성스러운 광경을 보면서 어떤 생각을 할까 하는 생각을 해보았다. 감동적인 세족식의 모습에서 과연 세계를 무대로 성장해 가는 회사의 튼튼한 힘이 바로 저런 바탕 위에서 가능한 것이라고 믿어졌다. 더욱이 '고객이 왕이다'라는 모든 기업의 이념적인 구호를 뛰어넘는 사장의 경영철학이 얼마나 훌륭한가는 다음 말에서 입증되었다.

그 사장의 이념은 직원들이 고객보다 먼저 왕이고, 고객은 다음 왕이라는 표현이었다. 직원을 소중하고 귀하게 생각하는 회사의 경영 분위기에서 직원들이 어찌 전심전력으로 회사를 위하는 마음이 들지 않겠는가.

남의 발을 씻어주는 마음은 나를 낮추고 당신을 높이 생각한다는 뜻도 있겠으나 당신에게 감사한 마음을 전하는 의미도 담겨 있어서 그동안의 고마움을 행동으로 알리고 앞으로도 당신의 은혜를 잊지 않으리라는 의미 또한 있을 것이라고 생각해 보았다.

만절(晩節)에 들어선 노인들일수록 부부의 간격이 소원해지는 경향이 있다. 심지어는 개가 닭 쳐다보듯이 무관심을 지나쳐 원수처럼 여기고 지내는 경우를 가끔 보고 있다. 그런 슬픈 현상을 치유하고 개선할 수 있는 유일하고 확실한 방법이 바로 세족례(洗足禮)를 해보는 경우라 믿는다. 아주 간단하고 쉬운 방법의 화해 방식으로 오랫동안 쌓인 앙금이 걷히고 얼어붙은 부부의 정이 소리 없이 녹아내려지리라 확실하게 믿는다. 아버지 학교에서 세족식을 치를 때 아내들이 눈물을 흘리며 울음바다가 된 일이 부부간 화해의 성공을 증명한 바 있었다.

더 나아가서 이런 세족식을 자녀들이 보고 느끼는 파급효과는 사라져 간 효친사상을 다시 일으키는 훌륭한 무언의 가르침으로 가정의 화목한 기초를 다져가는 길이 될 것이며, 나아가서는 내 혈육뿐 아니라도 남을 공경하고 나를 낮추는 겸양의 인격을 형성하는 밑거름이라 생각된다.

중국 고사에도 춘추전국시대 때 전쟁터에서 초나라 장수가 병사의 발을 씻어주는 세족식을 마친 부대는 목숨을 아끼지 않는 용맹한 정신으로 적들을 멸망시켜 전쟁에서 승리한 사례가 있었다.

신입생을 맞이하는 선후배 간의 세족이나 영업직 사원들에게 하는 세족식이 요즘 우리 사회에서 널리 유행하고 있음은 참으로 바람직스러운 현상이 되고 있다. 특히 불량학생을 선도하는 스승과 제자의 세족식으로 개과천선하여 모범학생으로 탈바꿈한 실화가 감동적으로 세상에 알려지기도 하였다.

우리 선조들도 마음을 씻고 정신을 청렴하게 기르기 위해서 정자를 짓고 학문을 닦는 서당이나 연못을 만들어 마음을 씻고 머리를 맑게 하는 뜻으로 그 이름을 지을 때 '씻는다'는 세(洗) 자를 넣어 '세정(洗亭), 세당(洗堂), 세헌(洗軒), 세지(洗池)'라는 이름을 많이 지었다.

옛날에 선비들이나 양반계층에서 수양을 하기 위해서나 학문을 쌓고 기예를 연마할 때는 제일 먼저 자기를 다스린 연후에 부하를 다스리며 또 후학을 가르치기 위하여 세심(洗心) 세족(洗足)을 한 유명한 실화들이 지금까지 아름다운 이야기로 전해오고 있다.

내가 50년 전에 부부인연으로 지금의 아내와 결혼(1962년 음력 3월 3일)하였으니 금혼(金婚)의 세월이 지나고 있어 간단한 세족식으로 고마운 마음을 전해보고 싶었다. 곱게 성장해서 한 가정의 며느리로 최선을 다해 주어 감사했고, 네 아이를 낳아 기르고 가르쳐 온 것이 고마웠으며, 지금까지 한 남자를 지아비로 보살펴 준 것이 감사하였다. 더욱이 앞으로 죽음을 맞이해서 이승을 떠나 서로 헤어질 때까지 의지할 수 있는 친구나 동반자로 함께 살아갈 수 있음에 감사한 마음을 어찌 간단한 세족식으로 대신할 수 있겠는가마는 천분의 일이나 만분의 일이라도 고마운 의미가 전해질 수 있으리라 생각해 보았다.

외국에 사는 큰아이가 오는 6월 30일경에 귀국하여 온 가족이 서울 집에서 모일 수 있으니 그날 우리 부부의 세족식을 거행하기로 결정하고 조촐한 금혼기념을 대신하기로 하였다.

인간은 지내온 삶을 반추해 보고 싶은 욕구가 있으며 오늘의 일들을 차곡차곡 쌓아두어 훗날 이를 추억하고자 하는 욕망이 있다고 했으니 세월이 더 흐른 뒤 이를 즐기고 싶어졌다.

이 속에서 삶의 의욕이 있고 살아갈 가치가 있다고 평가한다. 노년의 화려한 삶을 한 계단씩 걸어 오르는 기분으로 아내에게 치르는 세족례는 큰 의미가 있기 때문이다.

유쾌한 목소리

나이가 들어 노년기에 접어들어서 천진난만한 어린아이들을 보게 되면 귀엽고 소중한 마음이 들게 된다. 그들을 보고 있노라면 더욱이 내 마음까지 밝아지며 만면에 웃음이 찾아들고 있으니 어찌 보약이라 하지 않겠는가.

하얀 눈처럼 맑은 눈동자며 순진무구한 얼굴 표정이 오랫동안 찌든 때에 파묻혀 지나온 삶의 세월에 대한 보상이라도 바라듯이 아이들의 잔잔한 얼굴 표정이나 청아한 목소리가 세상 무엇보다 귀하고 값지며 아름답다.

특별하게 짜여진 계획도 없이 하루를 보낼 때면 무기력해지고 몸이 나른해지며 마음은 외롭고 쓸쓸해지며 노년의 삶이 공허하고 이런 방식의 반복되는 생활이 싫어짐을 느끼곤 한다.

그러나 파도가 끊임없이 와 부서지고도 다시 밀려와 바위를 때리면서도 아픔이나 고통을 밖으로 나타내지 않듯이 노인들의 삶이 비록 공허하고 쓸쓸하다 해도 이는 노인이 되었다는 자연스런 현상으로 인정해야 할 것이다.

거친 파도가 한 번 스쳐 지났다 해도 수십 년 동안 변함없이 그 자리에 굳게 자리 잡고 있는 바위처럼 노인이 되었다는 천지조화의 현상을 인정해야 할 것이다.

다시 태양이 떠오르고 파도를 잠재우며 물결을 평온하게 잠재우고 있듯이 비록 반복되는 유치한 현상이라도 이는 노화의 증거이며 인생을 살아오면서 경험한 산 증표라 여겨진다.

어제도 그제도 큰 변화 없는 하루를 보내면서 후회도 하고 자책도 하는 그저 평범하고 아무 냄새도 색깔도 칠하지 못한 일상일지라도 내일을 기대하는 희망이라는 꿈을 심어보고 싶어지는 것이 인간의 본능적인 욕구가 아닐는지.

오전에 한두 시간 걷기 운동을 마치고 책과 독서와 음악감상으로 무료함을 달래고 시간을 채우며 저녁을 맞이하고 있을 때 전화 속에서 카랑카랑한 손자의 목소리가 들린다.

"할아버지, 안녕하세요!"

지난 주말에 들러 얼굴을 보았는데도 그 목소리가 곧바로 모르핀 주사를 맞은 것처럼 온몸이 생기로 충전되는 느낌이다. 이것이 바로 의학적으로 뇌하수체에서 일어나는 엔도르핀의 성질이 모든 공허한 마음의 진통작용으로 의욕저하 상태를 억제하고 활력을 생성시키는, 흔히 엔도르핀의 기분반전 효과가 아닌가.

이처럼 파도에 씻기고 부서지며 심신의 기운이 꺼져 가고 있는 노인들에게 멀리 살고 있는 손자들의 목소리가 얼마나 힘 있는 위력이 실려 있는지는 나만의 체험이 아닐 것이라 믿는다. 외로움을 일시에 걷어내는 진통억제 작용의 목소리가 어찌 유쾌한 목소리라 하지 않겠는가.

그러나 반대로 아주 불쾌하고 천박스러운 목소리를 경험할 때도 간혹 경험한 바 있다. 날씨가 급격하게 바뀌어서 혹한을 지내고 날 때나 해가 바뀌고 새해를 맞이해서 주변의 인사들에게 안부 겸

전화를 할 때 가끔씩 일어나는 현상이다. 새로운 교분을 위한 목적이 있는 것도 아닌 순수한 친교를 이어 가고자 무료한 시간을 내어 전화기로 안부를 건넬 때 자연스레 대답을 듣곤 한다.

"그렇지 않아도 자네에게 안부 전화를 하려고 했었네. 시간을 잡아서 점심 식사라도 한번 하려고 했었네" 하면서 립서비스를 담아 달콤한 어휘로 포장해서 순간을 피하는 상대방의 목소리다.

정치꾼들이 한 표를 얻기 위해 달콤한 말로 환심을 얻고자 하는 속 보이는 대답이 속을 뒤틀리게 하듯이 국회의원으로 출마할 주제도 아닌데 자연스레 건네는 사기성 인사치레를 어찌 유쾌한 인사라 할 수 있겠는가. 허세를 미덕으로 알고 인간관계를 유지하려는 사람들에게서 나는 냄새 때문에 참된 정을 느낄 수 없음은 많은 세월을 건너온 노년의 인생에게 부끄럽고 가련한 모습이 되고 만다.

한두 번 듣는 말버릇이 아니라서 그 사람의 마음을 믿고 싶은 생각이 없어지게 된 지도 오래되었지만 비록 쓸모없이 늙어버린 노년의 우정을 바라는 안부가 아닐지라도 지인에 대한 일상의 그 목소리는 불쾌한 소리가 되는 것은 당연하다고 생각하며, 오히려 이해타산을 몸에 지닌 그를 측은하고 가엾은 인생으로까지 규정지어지는 것은 매우 서글픈 일이 아닐 수 없다.

그저 근황이 궁금해서 연락을 했을 뿐인데 정치꾼들이 한 표를 얻고자 사탕발림의 말투가 내가 알고 있는 친구(?)의 말인가.

아무리 화가 치밀고 미워하는 마음이 일어나도 조금도 아랑곳하지 말고 똑같은 말을 반복해서 해 오는 사람들의 가식이 과연 나를 평정하고 즐겁게 만들 수 없다면 그 이유는 무엇 때문일까. 나는 참으로 너그럽고 이해심 많은 행복한 인생의 노년을 보내고 있는가를 반성해 보게 된다.

과연 내가 품고 있는 감정이 이성적인 것이며 우주의 본질인 선행과 악행에 잘 따르고 있는지를 자문해 보곤 한다.

아무리 가식이나 허풍으로 가득해서 나를 대한다 해도 내 정신이나 사상을 침범하거나 방해할 수는 없기에 정신을 깨끗하고 현명하게 스스로를 올바르게 가꾸어 가는 노력을 게을리 해서는 안 되겠다고 체념할 수밖에 없다.

내 안에서 솟아오르는 샘물에 진흙을 던지든 똥물을 던지든 더러워진 그 샘물을 재빨리 흘려보내고 그 자국을 씻어내어 조금도 더러운 흔적을 남겨두지 않을 것이다.

자신의 마음에 들지 않는다고 비난만 하고 오히려 칭찬을 바라는 인간이 되어서는 안 될 것이며 선의와 겸손과 성실한 마음으로 나만의 자유를 누리면 만족스러울 것이다. 내 자유의지와는 거리가 먼 사람의 의지와는 직접적인 관계가 없다.

아무리 인간은 상호 의존적인 존재라 할지라도 누구에나 삶과 죽음 그리고 명예와 불명예든 우주의 본성은 공평하게 다루어지고 있으며 그 욕구는 근원적으로 우주의 섭리에 순응하며 우주의 섭리를 환영해야 할 것이기 때문이다.

'잘 익었다'는 노숙(老熟)의 뜻을 한 번 더 음미해 본다. 그래서 나이가 저물어가는 노인의 생각들은 잘 익은 포도의 단맛을 내뿜으며, 찰랑거리는 물소리가 들리지 않는 조용하고 고요한 삶이 되어 가야 한다고 생각한다. 겸손하지만 자존심을 갖고 살고 있는 사람으로 노년을 꾸미고 싶어진다.

PART 4

행복 제조공장

• • •

어느덧 하루가 지나고 있다.
오늘의 행복한 하루가 먼 훗날에는 추억의 사진첩에서
향기로운 우정의 그림으로 보고 싶어지리라.

탄로가(嘆老歌)
— 먼 길 떠나는 인생

우리가 언제 떠나는지 몰라도
서로 만나 울기도 하고 웃기도 하며 가다 보면 모두 만나는 것을
사랑하며 살아도 너무 짧은 세월
베풀어 주고 또 줘도 남을 것인데
웬 욕심으로 무거운 짐만 지고 걸어왔는지
그렇듯 고달픈 나그네 인생인가

화려한 옷도 명예스러운 옷도 다 무거운 짐인데
그날이 오면 다 벗고 살 텐데 서푼 어치도 못된 자존심을 지키느라
남에게 고개 숙일 줄도 모르며 어리석기만 한 세월이여
남을 이해하려 애쓰지도 않으며
외롭고 쓸쓸한 세월을 보내고 말았는가

좀 더 따뜻한 마음으로 감싸고 품어 안으며 용서하고
더 주고 싶고 더 보고 싶고 더 사랑하고 싶고
그리워하며 따뜻이 위로하며 살아야 할 일이었는데
왜 그리 마음의 문을 닫아걸고 말았는지

천 년을 살면 그러하리요 만 년을 살면 그러하리요
심지도 않고 거두려고만 했던 부끄러운 나날들
서로 아끼고 사랑해도 모자란 것이 허망한 세월인 것을
어차피 저 언덕만 넘으면 인생은 헤어지고 사라지고 마는데
미워하고 싸워 봐야 상처뿐인 훈장만 달고 가는데

이제 살아있다는 것만으로도 감사해야 하고
이제 함께 있다는 것만으로도 감사해야지
우리는 모두 길 떠난 인생인 것을
저 언덕만 넘으면 모두 만나는 것을….

나를 반겨주는 벗님들

아침 산을 오르는 길목에 홍제천 변 폭포수 아래 위치한 다리를 지날 때마다 평화롭게 대가족이 살아가는 풍성한 정경이 펼쳐지고 있다. 추운 날씨에는 삭막한 물속이 싫어 모습을 숨기었다가 봄기운이 무르익자 월척에 이르는 할아버지 붕어와 그 자손들까지 아마 삼대가 어우러져 따뜻한 봄볕을 즐기고 있으니 산책길에 나선 사람들에게는 귀한 구경거리로 등장하고 있다.

붕어나 잉어가 품격이 귀하다 하여 용왕님의 자손으로 예부터 영물(靈物)로 여겼으며, 꿈을 꾸면 길몽으로 해몽하기도 해서 검정색 등에 흰 바탕의 두툼한 몸체를 휘저으며 할아버지 붕어 뒤를 따르는 수십여 마리 자손들 무리가 유유자적 유영하는 장면이 마치 당신의 인생에 길몽을 안겨주겠노라는 뜻을 전해온 듯하다.

마치 도심 초등학교 운동장에서 수업시간 전에 뛰어노는 어린 학생 수만큼이나 많은 새끼 붕어를 거느리고 가는 할아버지 붕어들의 몸짓이 나를 반겨주는 벗님의 모습이 아니련가.

매정한 길손이 “무 숭숭 썰어 넣고 고춧가루 뿌려 매운탕 해먹고 싶다”며 중얼거리는 무서운 소리는 잊어버리고 부디 자손 모두가 행복하기를 빌어본다.

만남의 장소를 지나면서 거의 비슷한 시간대에 내 발길을 기다리기라도 한 양 수십 번 마주치던 홀아비 다람쥐는 어제부터 보이지 않으니 멀리 타향으로 이사를 갔거나 아니면 몸이 불편하여 집안에 누워 병마와 싸우고 있지 않을까 걱정을 자아내게 한다.

그래도 금실 좋은 다정한 비둘기 내외가 다람쥐를 대신하여 항상 그 동네에서 살며 마을길로 나와 정다운 인사를 건네며 나를 반기는 듯하고, 가끔은 까치 부부와 참새 가족의 무리들 또한 함께 마중 나와서 알아들을 수 없는 노랫소리로 나를 반겨주는 다정한 벗들이어라.

하물며 생명 있는 물고기나 새들에게는 반복적이지 않으나 매번 같은 시간에 같은 장소에서 마주치며 서로에게 다정한 인사를 건네고 곁에 있어도 해가 되지 않는 존재임을 인식하게 된 연후에 무서워하지 않고 가까이서 마주하며 보낼 수 있음을 실제로 내가 증명해 보이고 있었다.

이제 아는 사이를 넘어서 서로 그리워하는 사이가 되었기 때문이다. 새들이나 까치를 만날 때마다 반가운 마음을 보내며 그들의 행복한 하루를 빌어주며 지나고 있기에 오늘따라 이들 부부는 이웃들 친척들 모두 불러 모아서 떼 지어 나와 반기는 모습들이다. 다음에는 과자 부스러기라도 준비해 와서 반드시 그들에게 보답해야겠다고 생각한다.

무학정 아래 배드민턴 운동장으로 쉬엄쉬엄 오르며 그곳에서 정다운 동호회 회원들의 얼굴을 떠올리며 하나, 둘, 열, 스물… 난타 회수를 부드러운 목소리로 세어 가며 서투른 내게 재미를 안겨주는 안 총무의 얼굴을 그려본다.

나이에 비하여 이십 년씩이나 젊어 보이는 문 부회장 선배와 함께 따뜻한 성품이 몸에 배인 여인으로 이제는 오랫동안 정을 교감한 사이처럼 서로의 인격을 믿을 수 있는 다정한 사이가 되어 가고 있으니 인간의 감정이 따뜻하고 신비스럽게 변화하는 모습에 스스로 놀랍기만 할 뿐이다

매사를 빈틈없이 정갈하게 주변을 정리하고 모든 회원들에게 큰 형처럼 맏이 누이처럼 간식을 준비해서 보살피는 정이 넘쳐흐르는 모습에서 오히려 존경심으로 시각을 바꾸어 만절을 보내고 있으니 메마르고 건조해진 내 생활에 훌륭한 벗이 되길 바라고 있다. 서로의 인격을 존중하며 몇 시간이라도 함께 몸을 단련하고 삶을 이야기하는 허물없는 다정한 벗이 되어 가고 있음은 아주 희망스럽다. 만나면 반갑고 헤어지면 서운한 그런 사이가 되었으면 한다.

좋은 친구는 삶의 보람이고 일찍이 서로의 기악과 음악 소리를 이해하고 알아주는 벗을 지음(知音)이라 했으니 비슷한 나이 또래가 겪어온 온갖 풍상의 세상 물정을 서로 이해하고 그 삶의 아픔이나 고통을 넘어서 담담하게 승리해 온 만절 인생들의 마무리 시간들을 조금 더 다양하게 색칠해 보려는 욕심을 부려 하루하루를 옥천 마당에서 보내며 반나절을 채우고 있다.

마음을 주고 정을 붓고 싶은 영물스러운 붕어 가족들의 행복한 모습이며, 용수철 다리를 가진 양 몸을 가볍게 이리 뛰고 저리 뛰어 다니며 나 보란 듯이 건강을 뽐내는 다람쥐의 모습이 천만 근 무거운 육신을 지탱하며 걷고 있는 나에게는 별천지 세상이기만 하구나.

세상 물정 모르고 껑충껑충 뛰어놀 줄만 아는 철부지 참새 가족

들의 해맑고 정겨운 모습들이 아무 재앙 없이 무럭무럭 자라서 인간들과 함께 자연을 의지하며 건강하고 행복한 삶이 이루어지길 기원하며, 올해 더운 여름을 보내고 매서운 겨울을 이겨내서 다음해 봄철에는 더 많은 건강한 후손들을 이끌고 다시 만나기를 희망하련다.

한 해가 지나고 또 지나서 물속의 붕어처럼 유유히 마음을 다스리고 다람쥐와 참새처럼 가벼이 뛰고 날 수 있도록 내 몸이 가벼워지기를 기대하면서….

러너스 하이(runners high)

'러너스 하이'라는 말은 물이 100도에서 끓을 때 99도에서 마지막 1도의 온도라는 의미다. 인간이 마라톤에서 30km 지점까지는 힘들고 어렵지만 30km 이후에는 마치 구름 위를 달리는 기분을 느낀다고 한다. 10대에 느끼는 흥분은 다이돌핀이라는 호르몬이 생성되기 때문에 노년층이나 장년층에서 느끼는 흥분과는 크게 다르다고 한다. 다이돌핀의 효능이 엔도르핀 효능의 4,000배나 되어 통증이나 암 치료에까지 좋은 영향을 준다고 한다.

다이돌핀은 체내의 일종의 마약으로 불리며 통쾌한 감동을 느낄 때 생성된다고 한다. 우리를 힘들게 하는 것은 나이 드는 것 자체가 아니다. 나이 드는 것에 대한 두려움이다. 나이 드는 것은 썩어가는 것이 아니라 껍질을 뚫고 나오는 새 생명의 무르익음이요, 팽창이라고 미화하는 글을 읽은 적이 있다. 이때 새로운 것에 도전하는 기쁨이나 통쾌함으로 인해 인체에서는 다이돌핀이 생성되어 심신을 더욱 건강하게 만든다고 한다.

프랑스에서는 은퇴 이후(64세)의 인생을 제3의 인생이라 규정하고 신체 능력의 쇠퇴는 지극히 자연스러운 현상이지만 이것이 전부가 아니며 스스로에게 또 다른 개발의 기회를 준다고 했다.

육체를 초월한 정신적 개발을 시작할 수 있다는 의미다. 자기 몸을 학대하지 않고 다른 사람에게 해를 끼치지 않으며 즐거움을 줄 수 있는 일들이 노인들 주변에 많이 있다.

내면의 자아를 돌보며 잃어버린 것만큼 새로운 것을 얻어 가며 채워 가야 할 것이다. 소위 새로운 에너지를 창조하는 시기이다.

영국 시인 일런 모터스는 '삶의 마지막까지 꺼지지 않으려는 불빛처럼 열정적으로 살아야 한다'고 했고, 일본에서도 '흰머리와 주름진 얼굴은 지혜와 헌신의 상징이다'라는 명언이 있다.

노인에 관한 우스갯소리는 점차 의미를 잃어가고 있다. 나이는 거짓말이고 숫자에 불과하다. 그러나 나이에 대한 편견을 극복하려면 그 나이가 우리 삶을 물들게 하고 정복하지 못하도록 막아야 한다. 나이를 먹는다는 일은 동정 받을 일도 아니고 두려워할 일도 아니며 맞서 싸워야 할 일도 아니다. 더구나 죽음의 신호로 받아들일 일도 아니다. 나이 든 것을 기쁘고 즐거운 일로 만들 수 있는 노인 자신이 변화되어야 한다. 주변 것들을 훌훌 털어버리고 내가 주인이 되어 새로운 연출로 삶을 꾸며야 한다. 노인에 대한 편견이 틀렸음을 증명해야 할 도의적 책임을 느끼고 그것을 사명으로 알고 지금부터라도 충만한 삶을 살아간다면 이제부터 당신 인생은 축복의 선물이 되어 만인에게 기억되어질 것이다.

이제부터는 누구의 간섭이나 지시도 받지 않으며 오로지 자신의 결정만으로 하고 싶었던 일을 해보고 과거를 거울삼아서 더 만족스러운 선택을 해볼 수도 있을 것이다. 지난날 씁쓸했던 사연은 확실하게 작별하고 새로운 선택의 길에서 행복한 웃음, 사랑스러운 미소를 마음에 담으며 자부심을 가지며 살아가는 인생이 되어야 축복받은 인생으로 여유 있게 삶을 끝낼 수 있으리라 본다.

기회와 자유를 얻었으니 선택과 결정으로 행동해야 할 때가 바로 지금부터인 셈이다. 노년은 성장을 멈추는 시기가 아니며 새로운 방식으로 성장을 시작하는 시기라고 말할 수 있다. 새로움이 두려움이 버티고 있을지라도 갈망한 만큼의 에너지를 두 배로 쏟아 붓는다면 꽃이 피기 마련이다. 노년은 결코 목적 없이 흘러가는 세월이 아니며 무모하게도 나르시시즘에 빠져드는 시기는 더욱 아니다. 자아의 계발이라기보다 영원을 꿈꾸는 시기이다. 사회에 대한 책임이며 후손에 대한 의무이기 때문에 지금까지 쌓아온 경험과 지혜와 통찰을 모아서 자신을 위하고 가족과 사회를 위해서 쓸모 있는 유익한 시절이라고 말하고 싶다.

오늘날 인간 수명은 소위 100세 시대에 들어서고 있다. 2030년에는 65세 인구 점유율이 지금보다 두 배로 확대되어 삶의 마지막 단계의 쓸모없는 소수의 잉여 연령 세대라는 용어가 사라지고 전체 인구의 30%를 구성하는 소통과 협력의 세대로 변해가고 있다고 했다.

단절이나 외로움 따위의 수식어는 어울리지 않고, 분주하고 기쁘게 즐거운 보자기에 싸여 신나게 살아갈 수 있는 시절에 걸어가고 있음을 알아야 할 것이다. 오랫동안 편하게 지내온 친구나 배우자와 이별을 하고 낯선 상황에 처한다 해도 받아들이고 적응하며 변화에 따라야 할 것이다. 조물주가 만든 자연의 순리에 순응해야 하기 때문이다.

야망의 열정에 자신을 고갈시키고 탐욕에 대한 갈망으로 자신을 파괴해 버린 황폐한 지난날의 차디찬 가슴속에 불을 지펴 따스한 온기로 채울 수 있는 때가 노년인 것이다. 그런 마음가짐이 며칠이라도 이어질 때 놀랍게도 지금의 것만으로도 충분하고 넉넉하다는 생각이 들어서 삶이 풍요로워졌음을 느낀다.

손에 닿지 않는 것들을 붙잡으려는 헛된 욕망을 내려놓으며 지금 가진 것만으로도 만족스럽다고 용기 있게 외칠 수 있음을 실천해 본다. 이제 그런 삶으로 화려하게 인생의 황혼길을 치장하는 일이 무엇보다 소중하고 가치 있음을 알게 된다. 바로 노년의 선물이며 화려한 노년의 표상이라고 생각한다.

마음의 병

모든 인간은 오래도록 살고 싶어 해서 건강을 제일 우선으로 여기며 먹고 자고 움직인다. 오늘날 현대사회에서 건강을 좀먹고 있는 소위 스트레스라는 것이 만연되어 젊은이나 노인이나 스트레스라는 물결 때문에 활력을 잃어가고 있다. 이 스트레스란 놈이 가정이나 사회에 휘몰아치고 있을 때 그 구성원들이 황폐해지고 더 나아가 무너지고 있다.

'건강한 육체에 건강한 정신이 깃든다'는 형이하학적인 논리와 대조적으로 우리 선조들은 한 걸음 더 나아가 건강한 정신을 먼저 다스린 연후에 건강한 육체를 챙기는 형이상학적인 이론을 펴낸 견해에 대하여 귀 기울여 살펴보고자 한다.

개인의 정신건강은 사회와 국가의 초석이 되지만 개인의 정신기강의 해이는 곧 사회의 질서와 안녕을 위협하는 원인이 되므로 의미심장하게 생각해 볼 문제이다.

퇴계 선생께서 쓴 '활인심방(活人心方)'은 양생서적으로 널리 알려져 있다. 그 내용 중에 치심(治心)을 첫 번째로 내세워 마음, 즉 심성을 다스리고 치인(治人)시켜야 병이 접근을 못한다고 했다. 그리고 심성(心性)을 바로 해서 정신의 안정을 유지하는 것이 건강의 요결임을 강조했다. 현대인의 과중한 스트레스가 성심(性心)을 흔들어서 심장을 뛰게 하고 머리를 흔들어 놓으며 생각을 올바로 할 수 없게 만들고 행동을 거칠게 하여 일그러진 생활을 만든다고 했다.

마음은 불과 같아서 신이 나면 명랑해지고 활발하지만 그렇지 못할 때 기가 흩어져 가라앉는다고 했다. 마음이 울적하고 비탄해질 때 몸이 무거워지며 무기력해지는 것을 경험하게 된다.

마음이 평온하고 잠잠한 호수와 같을 때 밑바닥까지 들여다볼 수 있으며 이를 영명(靈明)이라고 해서 원기가 왕성하여 모든 병을 물리칠 수 있고 장생할 수 있다고 했다. 이를 치심(治心)이라고 했다.

한때 부를 이루고 권세를 누리며 이른바 귀인이라 부르는 성공한 사람들이 언뜻 보기에는 편안하고 흡족하게 살고 있는 것처럼 보이지만 마음은 매우 고달프다. 그들은 편안함을 좇다 보니 기운이 남아 먹을 일에만 신경을 쓰고 즐기는 일에 몰두하게 되고 기(氣)와 혈(血)이 잘 통하지 못해서 병을 얻기 쉽다고 했다. 그러나 반대로 천인은 모습이 험상궂고 괴로운 것처럼 보이지만 거리낌 없고 마음이 편안하여 혈액이 흐르는 물과 같아 건강 상태가 좋아 활기찬 모습이 된다고 한다.

요즘의 의사들은 사람의 병을 고쳐주는 방법을 연구하고 시술하고 있으나 사람의 마음을 다스려서 병을 미리 막는 방법은 외면하고 소홀하고 있는 셈이다. 병의 몸통이나 머리는 알아내지 못하고 병의 꼬리만 매만지고 있는 모습이라면 지나친 표현인가.

그 질병의 증세만 보고 처방하고 수술하고 있기 때문에 병의 근원에 대해서는 어떤 연유에서 생겨나고 어떤 업으로 파장이 미치는가에 대한 연구는 뒤로하고 있는 셈이다.

인간에게는 일곱 가지 감정인 칠정(七情)과 여섯 가지 자극인 육욕

(六慾)이 항시 마음속에 존재하고 있어서 그것들이 서로 뒤엉켜 싸우고 마음 밖으로 나와 몸 안으로 쳐들어 와서 병을 만들고 몸에 해(害)를 끼친다고 했다.

한결같이 마음에서 화(火)가 일어나 몸을 태운다고 설명하고 마음을 안정시키고 바르게 잡으면 불을 끄고 병의 근원을 잡을 수 있다고 한다.

우수사려(憂愁思慮), 즉 근심 걱정과 슬픔을 이겨내야 병을 고칠 수 있다고 했다. 먼저 불평을 버리고 남에게 해를 끼치는 사악한 일을 하지 말 것이며, 망상으로 헛되게 머리를 채우지 말아야 평화스러워진다고 했다. 이러한 도리를 알고 실천하는 사람만이 병을 고치는 으뜸 양생법을 이루는 자들이라 본다.

무리하면서까지 바쁘게 살아가는 자체가 자신이 환자라는 사실을 잊고 싶고 부정하고 싶은 것이 인간적인 바람으로 자신이 정상이라고 믿고 싶은 마음은 일종의 자만인 것이다. 즉 겸손을 잃어버린 것이다.

고질병을 치유하는 유일한 길은 마음의 평화를 얻고 욕심을 줄이고 걱정을 내려놓으며 미워하는 마음을 씻어 낼 때 마음은 가벼워지고 또 다른 활력이 생겨나게 된다. 나아가서 몸을 쉬게 하여 생체리듬을 자연에 맞추어 자고 싶을 때 자고 웃고 싶을 때 웃고 노래하고 싶을 때 노래하고 울고 싶을 때 눈물을 흘리는 일이 균형을 유지하는 길이라 믿는다. 자연과 조화를 이루며 생활할 때 쾌유의 지름길이 되는 것이다.

내가 경험한 바로는 정신 속에 있는 오물을 씻어 내는 쉬운 방법으로 두 손을 들고 눈을 감으며 아름다운 것을 생각하고, 예를 들면 꽃이나 꽃밭을 그려보며 상상해 보라. 그리고 어린아이의 웃는 얼굴과 노는 모습을 떠올리면 마음이 잠잠해지고 평온해짐을 느끼게 된다. 이러한 훈련을 반복하다 보면 마음은 평온해지고 깨끗하고 맑은 심성을 찾아 자연의 기를 받아 치심을 하고 나아가 양생하게 된다.

세 번의 청소(淸掃)

한 시간을 오르는 값으로 보상받은 땀으로
몸에 쌓인 나트륨을 뽑아내고 몸에서 독소를 걸러내어
가슴과 등줄기에 흥건한 폐기물을 수건 속에 파묻어 처리하고
또 한 시간 책을 벗 삼아 생각을 모아 걷어 내어 창공에 날려버린 뒤

맑은 정신으로 반시간을 더 올라가서
상체 하체 근육 운동으로 얻어진 값으로
보석 같은 땀방울로 몸이 더욱 거벼워지니
숲 속에서 또 다른 명약(名藥)을 찾았고

산 마당 옥천(玉泉)에서 공격형 난타로 반시간을 보내고 나서
온 몸이 땀으로 흥건히 반나절 세 번씩이나 치우고 쓸고 닦았네
난지도 하치장(荷置場)이 하늘공원으로 탈바꿈되었듯이
행복 제조공장에서 살다 보면 소중한 발명품이 만들어진다네

건강 보조식품도 아니며 어떤 보약도 아닌 청소기로
몸과 마음에 낀 때를 땀으로 청소하면서
꽃밭으로 가는 희망을 보았으니 가는 길 돌다리를 놓으려 하오.

십 년 만의 재회(再會)

그립고 그리워하던 북한산을 다시 오르게 된다는 기쁨과 설레임으로 어제부터 마음은 십 년 전 북한산 계곡을 누비며 지내던 시간으로 돌아가 추억 속으로 묻혀 버린 시절의 영상들을 돌려보기 시작했다.

봄기운이 완연해서 용기를 내어 북한산을 가보고 싶다는 내 뜻에 벗 김 교수와 약속을 하게 되었다. 아침 일찍 조반을 끝내고 여덟 시에 집을 나서 도보로 문화촌을 돌아서 세검정을 지나 한 시간 반 만에 구기동 약속장소에 이르니 반가운 얼굴이 이미 와서 나를 기다리고 있었나. 십여 년 전에 고등학교 동창들과 산악 동호회를 만들어 매월 한 번씩 평창 파출소 옆 공터에서 만나 이십여 명이 참가하여 이북 오도청을 끼고 비봉으로 가거나 또는 문수봉 매표소를 향하여 문장대를 오르는 코스를 선택하여 산행하던 추억이 엊그제 일처럼 선하다.

다시는 정든 이 길을 밟지 못할 것 같은 슬픈 처지에서 내 육신의 병마를 걷어 내고 다시 서 있는 감회가 새롭기만 하였다. 육십대 초반의 나이라서 몸이 가볍고 마음은 젊었기에 모두들 파릇파릇 생기가 넘쳐났고 얼굴에는 즐거운 웃음을 가득 머금으면서 가볍게 산행을 할 수가 있었으니 그 시절이 어찌 그립지 않겠는가.

강산도 변한다는 십여 년 세월을 지내며 생사를 넘나들며 많은 변화를 겪어 내면서 몸부림치듯 그동안의 투병생활과 새롭게 다져온 기운을 회복하여 이제는 기어 다니다 걸어갈 수 있을 정도로 정신을 차린 지 어언 십여 년을 보내며 감히 꿈에서도 소망해 오던 북한산에 얼굴을 내밀 수 있었으니 어찌 축복받은 제2기의 인생이 아니겠는가.

이제는 보고 싶어도 볼 수 없이 홀연히 멀리 떠나버린 벗들 유군, 박 군, 이 군의 얼굴 모습이 모두 섞여 떠오르니 인생의 무상함이 새삼스럽다.

어찌 그리 급한 일이라도 있어서 먼저 떠나가 버렸는지 어차피 우리 모두가 가야 할 곳이지만 한 고개, 두 고개를 더 넘어가면서 천 천히 산천 구경을 좀 더 함께했으면 좋으련만 자네들의 영혼이나마 북한산을 굽어보며 함께 즐기는 산행이었으면 바랄 뿐이네.

평생 단련된 벗들과의 등반길에 방해된 짐이 되지 않을까 미안하고 걱정스러웠으나 따뜻한 배려로 널리 감싸 안은 넉넉한 도량에 다시 한 번 고마움과 감사한 마음이 들었다. 오늘따라 추적추적 봄비가 내려서 등산길에는 드문드문 인적이 있을 뿐 조용하고 근엄하기까지 한 계곡을 따라 두어 번 쉬어 가며 우리는 그동안 지내온 삶의 추억담이며 근간 추진해 오고 있는 자서전 집필에 관한 향기로운 이야기를 풀어놓고 한가로운 시간을 보내며 즐기고 있었다.

우리는 남단의 농촌에서 자라왔기에 먹는 식성 또한 비슷하게 어울려 시래기의 탁월한 효능을 화두에 걸고 이야기하며 서로 같이 즐기는 음식이라는 동질감을 느꼈다. 승가사 뒤 마당바위에서 호박떡과 팥떡 두세 조각과 커피로 간단하게 배를 채우고 세월 따라 변화한 늙은 육신을 이야기하며 웃었고, 건강한 삶을 유지해야 하는 목표 또한 혈육들에게 아비의 도리를 다하는 의미가 있는 일임을 이야기하며 웃었다.

맹자삼락(孟子三樂) 중에 으뜸이 부모를 모실 수 있는 일이 큰 즐거움이라 하였으니 사회의 일원으로 제각각 건강하게 소임을 다하고 사는 자녀들에게 아비로서 건강한 존재가 되어 줌으로써 자식들의 걱정 하나를 덜어주고, 나아가 기쁨을 물려주는 정신적인 큰 유산(遺產)이라는 같은 생각을 하게 된 것 또한 오늘 산행에서 얻은 즐거움이 되었다.

구름에 덮여 청명하지는 못하였으나 연둣빛 실록 사이에 산벚꽃들이 듬성듬성 보석처럼 박혀 있어 한 폭의 수채화를 보는 듯 운치가 있었다. 내려오던 길가의 진달래는 여인들의 연분홍 드레스 같았으며 수줍은 듯 바위틈에 숨어 피어있는 산벚꽃은 마치 시골 여인의 모시적삼 같은 수수한 멋을 보이고 있었다.

하산길을 내려오는 동안에는 북한의 핵실험이라는 엄포를 잊을 수 있었고 보스턴 마라톤 대회장의 피비린내 나는 폭탄 테러의 아픔도 사라져 버린 시간이기에 산을 사랑하고 산행을 즐기는 애호가들의 멋을 조금은 알 수가 있으리라.

아직도 내 체력으로는 소풍을 나온 정도의 보폭으로 함께한 벗에게는 보조가 맞지 않아 미안하기만 하였으나 더 열심히 단련하여 십 년 뒤에는 가볍게 따라가리라 다짐하였다. 집으로 돌아오는 길에 옛 선비들이 광해군 폐위를 의논하던 세검정 정자 터에서 다리가 후들후들 떨리는 거의 소진해 버린 몸을 한참 쉬고 난 뒤 다음을 기약하고 노년의 하루를 보냈으니 어찌 행복하다 하지 않겠는가.

옥천(玉泉)

찜통더위에도 그늘을 만들어서
편히 쉬게 자리를 내주시는구려

아침마다 향긋한 커피 한잔으로 마음을 채워 주며
선덕여왕의 선정으로 옥천 백성에게
먹을거리 간식으로 배를 채워 내고

하나 둘 열 스물 절대음 레 음계의 난타 헤아림으로
온 몸을 땀으로 씻어 내시니
십전대보탕 보약이 이보다 더 몸에 이로울 수 있으리오

참으로 고맙습니다 그리고 존경하고 사랑합니다
몸에 기운이 빠져 쉬고 싶을 때에도 그대 뜰 안에 들어서면
당신의 품에서는 어느새 새로운 힘이 솟구치네요

오래 오래 당신의 뜰에서 버티어 내고 세월이 흐르고 난 뒤
메마른 나목에 새순이 돋을 때를 기다리렵니다
그리고 만절의 꽃을 피우렵니다.

— 옥천 배드민턴 마당에서

옥천(玉泉) 메달리스트

온 사방이 진한 초록색으로 온 몸을 감싸고 있다. 지난 초봄만 해도 앙상하게 여윈 몸에 헐렁한 옷을 걸치고 있었는데 지금은 훌훌 벗어버리고 황갈색 찌든 때까지 씻어내고 새 옷으로 갈아입었으니 어느덧 온 산에는 힘찬 기운이 넘쳐흐르고 있는 듯하다.

송화 가루와 아카시아 꽃잎이 함께 어울려 싸라기눈처럼 숲길에 내려앉고 있으니 봄기운을 가득 느끼며 봄 계절 속으로 빠져들어 가는 즐거운 쾌감은 나 홀로 누리는 호사로 착각하며 행여 새어나갈세라 가슴에 꾹꾹 눌러 담으며 안산의 칠부능선에 자리 잡은 옥천 마당으로 오르고 있다.

오를 때 숨이 차서 아무런 상념 없이 발걸음을 내밀며 잠시 숨을 고르고 중간쯤 벤치에서 쉬어 가다 이마에 땀방울을 적시울 시원한 단맛을 상상하며 어제보다 오늘은 난타 20여 번을 해내고야 말겠다고 마음을 다져본다. 마의 벽을 넘어서는 즐거움을 누리고 싶어졌다.

삶이 메말랐을 때, 정신이 피곤할 때, 일에 지쳤을 때, 고독을 느낄 때 우리는 산을 찾는다. 산의 향기를 맡을 때 생의 용기를 느끼고 삶의 건강을 찾으며 산의 침묵, 산의 음성, 산의 향기가 있어서 새로운 활력소를 찾을 수 있어 좋다. 산을 좋아하는 사람치고 악인이 없다고 했다. 산속을 거니는 것은 어머니의 품속에 안기어 부드러운 심성을 기르고 그곳에서 용서와 아량을 배우며 인내를 기르며 겸양의 덕을 배운다고 했다.

인도의 철학자 타고르는 산속의 명상에서 탄생했고, 괴테의 아름다운 시는 깊은 산속에서 영감을 얻어 빛이 났다고 했다.

산속을 거닐 때는 미움이 없어지고 따뜻한 우정이 넘쳐흐르며 인간의 분수와 한계를 깨우쳐 주고 있다. 고산준령이 아니더라도 무서운 산사태는 인간의 한계를 깨우쳐 주는 준엄한 교육이기도 해서 산은 자모(慈母)인 동시에 엄부(嚴父)이기도 하다.

칠부능선 맑은 샘물 위에 자리 잡은 옥천 배드민턴 마당에도 십여 명의 회원들이 모여 라켓을 휘두르며 땀을 흘리고 있다. 매번 이곳을 지날 때마다 내 체력으로는 힘들겠다는 부러운 시선으로 구경만 했었는데 이제 초보 회원이 되었으니 뿌듯한 기분으로 차근차근 난타로 시작을 해본다. 매일 이곳에까지 오르는 것만으로도 건강 유지에 놀라운 효과를 얻어 낸다고 자만한 내 모습이 부끄러워졌다.

십여 년 전 뇌졸중으로 언어가 어눌해지고 거동이 불편했던 문순식(80세) 선배가 지금은 코트를 누비는 기적적인 완쾌를 보면서 안산이 내려준 건강 회복의 은혜를 입고 바로 올림픽 경기에서 금메달을 얻은 어느 운동선수에 버금가는 인생의 금메달리스트가 아닌가 평가하고 싶다. 참으로 자랑스럽고 경외의 찬사를 보내지 않을 수 없다.

맛있는 진수성찬의 음식은 돈으로 살 수 있으나 식욕과 입맛은 살 수 없고, 아무리 좋은 침대는 살 수 있다고 했으나 숙면은 천금을 주어도 살 수 없다고 하는 말이 바로 이런 분에게 어울리는 말이라 생각된다. 한두 시간 뛰다가 집에서는 왕성한 식욕으로 세끼 식사를 하고 누우면 숙면으로 온 밤을 보낸다는 경험담을 들으면서 분명 인생 후반에서 성공을 거두시고 계심을 보여주고 있다.

매일 규칙적으로 산을 오르고 내리는 운동만으로도 건강 유지에 동메달감으로 인정하고 싶어지나 더욱이 칠부능선 운동장에서 배드민턴으로 몸을 단련하는 회원들은 모두가 은메달리스트라고 칭찬해 주고 싶다.

녹음이 방창한 봄의 향기로 마음을 가득가득 채우고 부드러운 봄바람이 생동하는 자연의 기운을 실어 나르는 열차에 몸을 맡기며 새로운 희망으로 옥천의 행복제조 마당에서 뛰고 싶어진다.

내려오는 길에 만남의 장소 옆길에서 외롭게 보이는 홀아비 청설모 한 마리와 산비둘기 내외가 반갑게 인사를 건네주고 오늘따라 참새들 대가족이 열광을 하며 환호하니 반나절 운동으로 상쾌한 노인을 더욱 유쾌하게 반긴다.

세끼 밥은 3주 동안 먹지 못해도 생명을 유지할 수 있다고 했으나 희망을 걸어 놓지 못한 삶은 하루도 살아내기 힘들다 했으니 그동안 괴롭혀 온 불면증과 고혈압, 당뇨병 등 모든 땟국물을 씻어내는 명품의 보약으로 옥천 마당에 희망을 걸어두고 살리라. 은메달리스트 대열의 일원이 되기를 기대하며, 만절의 화려한 인생 그림을 그리기 위하여….

요물스런 마음

오랜 세월 지내오면서 희로애락(喜怒哀樂)의 오만 일들을 보고 경험하고 느끼며 칠십 평생을 살아온 지금도 마음은 천 갈래 만 갈래 색깔로 갈라지고 흐트러지며 한결같기를 밀어내고 있으니 오늘의 마음은 어떤 모습으로 하루를 보내줄 것인지 궁금하기도 하고 두렵기도 하다. 내가 내 마음을 곱게 잘 다스리지 못하고 있음은 요즘 내가 지닌 걱정거리이며 숙제가 되고 있다.

심리학자 윌리엄 제임스의 이론에 따르면 사소한 행동에도 변화를 주면서 하루를 보내게 되면 삶의 전체가 서서히 변화하는 기쁨을 맛본다고 했다. 그러나 노후에 의식주 해결 방법과 자녀들의 건강한 사회적 활동 그리고 원만한 노부부간의 생활까지 평균이라 믿으며 건강한 체력유지를 비롯해 이런 숙제들은 이미 해결하였다고 자부하면서 보낸 생활이기에 만족하고 즐거운 일상이어야 함에도 불구하고 마음은 항상 즐겁고 행복한 틀에서 빠져나와 허기진 사람처럼 무언가를 더 갈구하고 찾아서 배를 채우고 싶어 하는 사람이 되고 있음을 진솔하게 느끼고 있다.

흔히 말하기를 의욕이 떨어지니 육신이 느슨해지고 번거로운 일을 기피하며 행동하기를 싫어해서 물동이 속으로 가라앉은 침

전물처럼 생활이 흐느적거리게 된다고 했다. 이를 극복하는 방법으로 사소한 행동의 변화를 시도하고자 길을 걸을 때 바른 자세로 위를 보고 걷기도 하고, 지나치는 사람마다 인사를 건네기도 하면서 산길을 오르고, 평소 50개 하던 팔굽혀펴기를 두 배로 늘려보기도 해보며, 하루 한 번 난타 100개를 200개로 늘려가며 운동량을 강도 높여서 몸을 고달프게 해보기도 하면서 하루를 보내려고 애를 써 보아도 그래도 여전히 마음 한 자락에 자리 잡고 있는 채워지지 않는 욕구는 어떤 모습이며 어떤 얼굴인지 보이지 않는다.

아하, 마음이라는 괴물은 어데 가서 잡을 수 있으며 어느 시각에 그 형체를 편히 볼 수 있을 것인가. 꽁꽁 숨어서 모습을 감추고 있으니 개탄스러울 뿐이고 만약에 마음이라는 요물을 잡았다 치더라도 잘 다스리고 길들이며 분노를 누르고 슬픔을 달래 볼 수 있으련만 기쁨과 즐거움을 불러올 수는 없는 것일까.

전형적인 유가(儒家)의 자손으로 태어나 유년 시절부터 수용공(手容恭 : 손 모양을 공손히 한다) 족용중(足容重 : 발 모양을 무겁게 한다)하며 촐싹대지 않음을 몸에 익혀온 디리 유머의 해학을 외면한 습관으로 마음을 즐겁게 하는 지혜를 터득하지 못한 흠이 내게는 큰 결함인 것을 늦게 후회한들 무슨 소용 있으리오.

맑은 거울처럼 속을 볼 수만 있다면 채워지지 않은 것들을 찾아 구하여 메워 놓을 수 있을진대 꼭 집어 무엇이라 할 수 없는 참으로 현묘(玄妙)한 것이 마음의 형체인 것을 겸허하게 인정해야 한다.

수많은 학자들도 빛나는 위업을 남긴 성현들도 그 정답을 찾아내지 못했으니 범속한 무리인 내가 떠안고 사는 마음을 살찌우고 마음을 가득 채우지 못한 것이 지극히 당연하다 해도 마음의 고통이나 허기짐에 허덕이고 있는 지금을 어찌 해볼 수 있으리오.

말하기 쉬운 모든 것을 버리고 줄이며 놓아버릴 때 마음에 평온함을 누릴 수 있다는 불가(佛家)의 법구경(法句經)의 가르침에 따라 애써 봄도 일시적이며 잔잔한 물의 모습일 뿐 즐겁고 기쁜 물결의 파장을 만들어 내지 못하고 있으니, 설혹 그 마음을 찾아 험한 길을 가다 가시넝쿨이 앞을 가로막고 있어도 숙명(宿命)으로 알고 매진할 수밖에 없지 않은가.

이 일만이 나의 만절을 장식하는 유일한 길이라 믿으며 오늘도 하고 싶은 난타를 위하여 산을 오르고 있다.

용서(容恕)

세상일에 용서는 우리가 자주 쓰는 어휘로 그 의미에는 두 가지 양면성이 있다고 본다. 내가 상대에게 손해를 끼치거나 마음을 상하게 하여 나에 대한 잘못을 인정하고 이해하여 주기를 바라는 마음이고, 다른 하나는 상대의 잘못을 내가 널리 이해하고 상대의 마음을 편안하게 따뜻이 감싸 주는 마음을 의미한다고 하겠다.

용서의 또 다른 말인 용곤(容悃)은 남을 용납하거나 나를 괴롭힌 사람을 받아들인다는 의미로 쓰인다. 또는 용사(容赦)라고 하여 남의 잘못을 놓아 준다는 의미도 있다. 서양의 어휘에서도 내가 상대에게 그를 위하여 마음을 주고받는 의미로 forgiveness라고 쓰고 있다.

가정에서 아이가 잘못을 행하고 있을 때 부모는 아이에게 잘못했음을 설명하고 용서를 구하기를 가르치고 있음은 잘못한 책임을 스스로 인정하고 도덕적 윤리적으로 그 책임에 따른 보상으로 다시는 그런 과오를 범하지 못하도록 타이르는 가르침을 경험하게 된다.

그러나 이런 용서를 거꾸로 뒤집어서 어른들 사이에서 남의 잘못이나 과오를 드러내어 미움을 담아서 보내지는 말로 '복수'라는 말도 쉽게 생각되고 있으니 이는 남이 나에게 잘못을 하여 해를 입히고 마음에 상처를 주는 행위에 대한 내 마음속에서 일어나고 있는 앙갚음의 또 다른 마음을 의미하고 있어서 우리가 살아가는 동안 이 두 마음을 수시로 경험하고 마음에 담고 지내는 경우가 많았을 것이다.

어느 심리학자의 이론에 따르면 우리 뇌에서 기억하는 부분이 복수의 샘이며, 망각의 샘에서는 용서가 생겨났다는 글을 본 적이 있다.

우리의 인간은 자기의 실수나 과오를 숨기려고 하는 본능 속에서 그 일을 드러내 놓기를 두려워하고 싫어하게 된다. 그러나 그 실수나 과오를 인정하고 책임지려는 용기 있는 행동은 일반적으로 자기를 합리화하려는 경향이 있으나 그릇된 울타리를 부수고 당당하게 그것을 인정하고 그에 따른 책임을 지려는 도덕적 윤리적, 나아가서 법적인 대가까지도 떠맡겠다는 태도가 요구되어야 할 것이다. 그런 당당한 사람도 마음속에 깊이 자리 잡고 있는 원한이나 분노의 마음을 내려놓기가 쉽지 않아서 용서하기란 참으로 힘든 일이 되고 있다.

희랍어의 유래에서 '감정(emotion)의 뜻이 흐른다'는 의미가 있다. 그 증오의 감정이나 복수하고자 하는 감정을 마음속에서 흘려보내는 과정이 용서가 아닐까 생각된다. 다시 말해서 깊이 자리 잡고 있는 근심이나 복수심 따위의 감정을 밖으로 흘려보내는 것이 남을 미워하고 시기하는 감정을 씻어버리는 길이고, 남의 실수를 이해하려 할 때 바로 용서의 길이라 생각된다.

어느 심리치료사는 근심이나 복수심은 육체적 정신적 질병을 초래하는 요인이라 하여 저널(journal) 치료법을 권하고 있다. 그 방법의 하나로 낙서를 한다든지 일기를 쓴다거나 글을 쓰는 일이 바로 감정의 흐름을 밖으로 보내고 남을 용서할 수 있는 안정된 마음을 유지하게 된다고 했다. 즉 자신의 건강과 평화를 쉽게 얻는 길이라 했다.

독이 되는 마음의 병을 치유하는 방법을 제시해 주는 지혜로운 길임을 나도 몸소 체험한 바 있었다. 미운 감정의 응어리를 밖으로 보내고 해방을 느낀 기분은 반드시 의도적으로 남을 용서하고 이해해야겠다고 시작하지 않아도 글을 쓰는 작업에 열중한 뒤의 자유로움과 평안과 행복한 기분은 이미 용서와 이해를 넘어 오히려 사랑과 감사한 마음까지 보낼 준비를 하게 된 바 있다.

세상을 살아가다 보면 바로 면전에서 상대를 미워하고 시기하고 질투하는 경우를 당할 때가 있다. 그 경우 웃는 낯빛으로 얼굴 표정을 가질 수 없는 것이 당연하지만 그렇다고 화를 내고 얼굴을 찌푸리거나 소리를 지르며 악을 쓸 수가 없어 참고 지내려 애쓴다. 이런 순간에 포커페이스(poker face), 즉 자기의 감정 변화를 상대에게 들키지 않고 방어하는 노력을 하려고 한다. 다시 말해서 교언영색(巧言令色)을 하여 달콤한 말과 화려한 얼굴로 자신의 미운 감정을 숨기고 만다. 이러한 행동을 잘하는 사람을 우리는 처세에 능하다고 칭찬할지 몰라도 나는 동의하지 않는다.

진실로 마지막 가면을 벗어버리고 노년에 화려한 색을 칠하기 위해서는 바보스런 얼굴일망정 부끄러움 없이 내 감정을 표현하고 싶다.

"슬프다, 외롭다, 실패했다, 두렵다, 용서해 달라, 당신을 용서하겠다, 그리고 당신이 필요하다, 당신을 사랑한다"고 말하고 싶다.

인생을 마무리하려는 노년의 길 위에서 과연 축복받은 삶을 살고 있는가는 얼마만큼 용서를 많이 했는가에 따라 하느님도 당신의 죄를 용서하신다고 했으며, 얼마 전에 입적하신 법정 스님께서도 용서는 가장 큰 마음의 수행이라 하셨고 그리고 마음의 상처에 가장 큰 치료약이라 하였다.

보고 싶은 얼굴

내가 태어나서 지금까지 한평생을 살아오는 동안 수많은 사람들과 만나고 헤어지며 세상인연을 맺어오고 있었다. 제일 먼저 어머니 배 속에서 나와서는 어머니 얼굴을 보았고 그리고 가족들의 얼굴을 보았으며, 두 번째로는 경쟁사회의 권역에서 수많은 사람들과 치열한 몸부림을 치며 삶을 살아오고 있었다.

그런 와중에 미움과 사랑이 싹트고 은혜로움과 저주스러움까지 뒤엉켜서 보고 싶은 얼굴들이 따스한 바람에 실려와 다가오더니 그리움으로 남고 미움과 저주스러운 얼굴 또한 홀연히 나타났다 사라지곤 한다.

제일 먼저 어머니 품안에서 그리고 가족들의(제1권역) 보호 속에 어른이 되어 가고, 두 번째(제2권역)인 사회 권역에서 삶을 살아오는 동안 기쁘고 즐거운 일로 축복받고 행복을 누리는 시간들을 보내기도 하였으며, 때로는 슬프고 괴로운 시절에 남을 원망하고 치열한 경쟁 속에서 몸부림치는 시절을 보내야 할 때가 있었다. 어느덧 세월이 흘러 어쩔 수 없이 이제는 황혼의 들녘에 서서 아련한 추억 속에 묻혀버린 얼굴들이 떠오르게 된다.

그 얼굴들이 이미 사라져 그리움으로 쌓여 한순간 눈시울을 적시게 될 때 사무치도록 보고 싶어지는 마음이 노쇠한 늙은이의 여린 감정일는지….

흔히들 '눈이 짓무르도록 보고 싶다, 미치도록 또는 애가 타도록 보고 싶다'는 요즘 젊은 세대들의 노랫말이 주는 감정의 전달이 너무 직설적인 표현이며 적나라한 그리움의 표현이라면 지금 나에게는 바람결에 서서히 멀어져 버린 보고 싶은 얼굴들의 그리움은 추억 속 사진첩에 넣어둔 빛바랜 사진으로 남겨둘 뿐일는지….

봄비가 소리 없이 내리는 날 산책길에 나서면서 그리운 얼굴들 하나씩 꺼내어 보면서 아직도 가슴속 밑바탕에 자리 잡고 있는 아픔을 어루만지며 세찬 빗속에 온 세상 자연의 실록들에 쌓인 먼지를 씻어내듯이 내 마음속에 깊숙이 가라앉은 보고 싶은 얼굴들의 사연들이 이 빗속에 씻기어졌으면 싶다.

또 한편으로는 잊을 수 없는 얼굴의 반대쪽에 자리 잡고 버티고서 있는 내가 미움과 증오스러운 얼굴로 남의 마음속에 남겨져 있을 수 있는 일기장을 넘겨보는 것도 천지 음양의 이치이며, 불교에서 정반합(正反合)의 이치라 생각되어 늦었으나 사죄하는 마음으로 행여 내 얼굴이 증오의 모습으로 남의 사진첩에 끼워둔 사람들을 찾아보고 싶어진다.

아련한 기억을 꼼꼼하게 들추어내 보고 애를 써 보아야 할 것이다. 혈기가 넘친다는 핑계로 저지른 잘못이 흉터자국이 되어서 지금까지 아직도 미움과 증오의 멍울이 행여 새겨져 있을세라 전전긍긍 많은 날을 뉘우치고 사죄하였다 해도 흩어지는 구름 모양으로 자주 변하고 만다. 이기적인 욕심에서 해석하고 자위해 보려는 인간의 속성이 자리 잡으며 양심을 덮고 만다.

비록 찾아냈다 한들 아무런 치유의 방도가 없기에 부질없는 생각의 놀이에 불과한 줄 알면서도 마음 한구석에 위로의 여백을 남겨두고 앞날을 교훈삼고 싶기 때문이다.

비가 오는 날에 우산을 들고 그리움을 가리고 그 자리에 새로운 꽃씨를 뿌려 보려 합니다. 나목에 새 움이 돋아 싱싱한 푸른 잎새를 뽑아내고 힘찬 여름을 지나 가을에는 열매를 거둘 수 있으리라는 희망으로 설레는 가슴을 맑은 햇빛 아래 열어 보이렵니다.

어린아이에서부터 나이 많은 할아버지까지 남녀노소를 가리지 않고 항상 품에 안으며 따뜻한 가슴을 내어 주고 있는 그대, 봄철에는 꽃향기 향수를 뿌려 치장을 하고, 가을에는 화려한 옷으로 맵시를 자랑하는 안산 당신은 지난 십여 년 동안 내 병든 육신을 치유해 주었고 찌든 마음을 곱게 펴주어 이제는 희망을 걸치고 설레는 마음으로 오늘같이 비 오는 날에도 님을 찾아가고 있습니다.

오늘도 하나, 둘, 셋, 넷, 열, 스물(배드민턴)… 높고 낮음이 없는 부드러운 목소리가 속삭이듯 촉촉한 빗물이 되어 가슴을 적시웁니다. 청아한 얼굴에 다정한 복장하며 남을 크게 배려하는 도량을 흠뻑 지니어서 누구에게나 존경받는 어머니 같은 큰 그릇으로 내게도 우정과 존경을 어울려 피어내는 그리움의 싹이 아닐는지.

어느덧 하루가 지나고 있습니다. 내일에는 100번의 안타를 세는 속삭이는 목소리가 기다려집니다. 오늘의 행복한 하루가 먼 훗날에는 추억의 사진첩에서 향기로운 우정의 그림으로 보고 싶어질 것입니다. 우산으로도 막을 수 없는 빗물이 되어 그리움이 폭우처럼 쏟아지고 있어 발길이 바빠집니다.

남의 인생 엿보기

나이가 들어 노년에 이르는 사람들은 그동안 살아온 지난날의 일들을 되돌아보고 싶어지고 그리고 즐거웠고 기뻤던 일들을 그리워하게 되며 괴롭고 고통스러운 일들을 잊어버리고 싶은 감정이 나타나게 된다. 쉽게 잊어버릴까 아쉬워하여 추억 속의 사건들을 가슴에 묻어두며 오래오래 간직하고 싶은 마음이 얼마 남지 않은 죽음을 맞게 될 노인들에게는 늙어갈수록 짙어지게 되는 모양이다.

그래서 지난 일생을 글로 남기고 싶어 자사전이나 수상집으로 그 흔적을 남기려 든다. 특히 세상에 널리 알려진 유명인사들의 전기나 자서전이 후세 사람들의 등불 역할을 하는 경우를 많이 보아왔으나 초야에 묻혀 보통 사람으로 한평생을 살아온 사람들 또한 흥망성쇠 해온 삶의 흔적을 후손이나 혈육에게 남겨주고 싶은 사람들 또한 많이 보았다.

젊은 시절에 고난과 슬픔 속에서 세상풍파를 건너온 사람일수록 부와 명예를 뒤늦게 얻어 소위 인생역전을 이룬 경우 성공한 사람들의 소망은 자신의 일생을 더욱 드러내놓고 싶어져 자서전을 남기고자 하는 욕심이 강하다는 것을 느껴 본다.

한국동란으로 평화로운 북녘 고향을 등지고 소년시절 혈혈단신으로 월남하여 모진 고생으로 남한 땅에서 뿌리를 내리고 일가를 이루어 소위 성공한 몇 분의 실향민들을 만나보면서 그분들의 구술을 바탕으로 자서전을 쓰게 되었다.

내가 재주 없고 경험도 없어서 자서전 대필업무가 적절치 않아 극구 사양하였으나 간곡한 부탁을 거절할 수 없어 남에게 좋은 일을 베푼다는 의미로 마음을 정하고 최선을 다해 보기로 한 것이다.

남의 인생살이를 엿보며 함께 슬퍼하고 고통을 함께 아파하면서 참으로 상상 밖의 어렵고 험하게 지내온 반세기 동안의 생활을 들을 수 있었다. 굽이굽이 목숨을 걸고 고향을 찾겠다는 일념으로 군에 자원입대하여 전쟁터에서 포탄을 헤치고 살아온 이야기 하며 배고픔과 추위와 싸우며 먹을 것을 찾아 남대문 동대문 시장바닥을 헤매던 서러운 일들은 가끔 내 눈시울을 적시곤 했다.

1970~80년대에 월남 해외건설 시장 활성으로 경제발전이 이룩되고 시장통에서 노점장사로 시작하여 자유당 시절 깡패 이정재(후에 사형 당함) 부하들과 목숨을 걸고 싸워 가게를 지키고 사업 기초가 마련되면서 날로 점포가 확장되고 사업 규모가 커지면서 돈을 모으고 자녀들의 성공을 이루어낸 젊은 시절의 행복한 모습에서 고맙고 감사한 마음이 들어 함께 웃으며 내게까지 스며온 그분들의 감격을 조금 엿볼 수 있었다.

내가 걸어온 길과 거리가 멀지만 그분들의 삶에 깊이 젖어 들어가는 감동은 내 아픔처럼 슬픔을 느끼게 됐고, 점점 발전하는 기쁨 또한 나에게 흥분과 행복한 마음이 가슴에 파고드는 시간을 갖게 하였으니 비록 남의 인생을 엿보는 극중의 드라마를 감상하는 즐거움 또한 유익한 일이 되고 있었다.

나보다 10년 연상인 선배들의 삶이며, 더욱이 남쪽이 고향인 나는 배고픔이나 추위는 겪지 않고도 지낼 수 있는 부유한 집안 환경이었으며 정규교육을 받으며 지내온 나의 청년기와는 정반대의 생활환경이 실감나지 않을 정도로 생소하였다. 그러나 진솔하고 용기 있는 마음을 느낄 수 있을 만큼 부끄럽고 창피스런 어두운 이야기까지 들려주신 그분들의 깊은 뜻에 존경스러운 마음까지 샘솟았다.

평소 자신과 가족에게는 무서우리만큼 근검절약해 오면서도 큰돈을 장학금으로 쾌척하신 통 큰 인품에 고개가 숙여지며 너무도 왜소한 내 인생에 부끄러움을 느끼게 된다.

사춘기 시절 배를 채우기 위해 배움을 등지고 지낸 아픔 때문에 고향 평남도 대동군 출신 후손들에게 장학사업을 하고 있는 그분들의 높은 뜻을 이해할 수 있게 되었다.

내 스스로의 일생을 정리하고 싶어서 자전적 수상집을 쓸 때만 해도 내 흔적을 후손에게 남기고 싶고 평소에 하고 싶은 말들을 맑은 정신으로 마음을 정리해서 자녀들에게 가르침이 되는 길잡이를 소망하며 책 두 권으로 출판하였으나 지금 생각하니 부끄럽기도 하고 미안한 마음뿐이다.

지내온 길이 돌밭길이거나 진흙길이거나 다듬어진 시멘트길이거나 마침내 다다른 곳은 모두 똑같이 한 목표일진대 사람마다 제각각 다른 길을 걸어가고 있으면서 지내온 발자취를 남기고 싶은 심정을 이해할 수 있게 되었다.

사람마다 희망하고 소원하는 목적을 위해 서로 다른 길을 걸어오고 각색으로 남에게 원망을 받고 사는 사람도 있으며 남에게 은혜를 베풀고 사는 사람도 있을 것이다.

과연 내 스스로가 미움이나 증오 또는 원한을 사면서 살고 있는 인생이었는지 아니면 은혜와 사랑을 선사하고 살아온 인생인가를 한 번쯤 가늠해 가면서 내 스스로 만절(晩節)을 보내고 있는 지금의 인생을 살펴보아야 할 것이 아닌가. 나의 화려한 사계(死計)를 위해서….

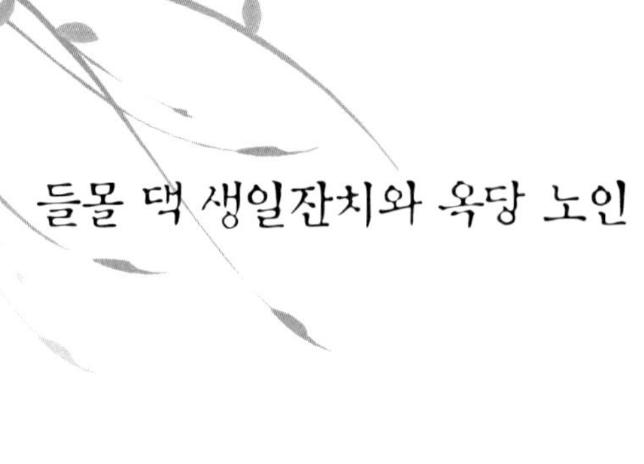

들몰 댁 생일잔치와 옥당 노인

홀로 사신 친정어머니의 환갑을 맞이하기 위해 외동딸 내외가 서울에서 3일전 고향에 내려왔다. 일찍 아버지를 여의고 청상에 홀로되신 어머니 밑에서 자란 딸은 그래도 읍내 여중학교까지 공부를 마치고 수원 삼성전자 기흥 공장에서 여공으로 일을 구하여 부득이 어머니 곁을 떠나게 되었고, 같은 직장의 충청도 예산 출신인 구 씨와 결혼까지 하여 지금은 맞벌이로 서울에서 행복하게 살림하고 있다. 남편 구 씨도 가난한 집안에서 커온 사람이기에 타고난 성품이 따뜻하고 장모님 위하는 마음도 항상 가득 넘쳐 홀로 지내신 장모님을 모셔 함께 살자는 뜻을 몇 번이고 내비쳤으나 들몰 댁의 완강한 거절로 일 년에 고작 한두 번 찾아 인사드리는 것이 할 수 있는 일의 전부일 뿐이다.

이번에 장모님 환갑을 맞아 미리 내려와서 잔치 준비를 성의껏 할 모양으로 어제는 읍내 시장에 나가 돼지고기를 포함하여 여러 가지 생선을 사와서 그 아내와 함께 일손이 바빠지고 있다. 두 모녀가 부엌에서 고기를 굽고 전을 부치고 찹쌀을 쪄내어 떡을 준비하며 내일 오시게 할 손님들에 대한 이야기를 하고 있다.

외지에서 단일 집성촌에 들어와 외롭게 살아온 들몰 댁의 입장에서 이번 생일잔치에는 마음먹고 여러 사람을 초청하여 그동안의 고마움을 표시하고 싶어진다. 사위의 입장에서도 앞으로 장모님이 더욱 편하고 행복한 여생을 바라는 효성스런 마음을 전하고 싶기도 하다.

장모가 사위 내외에게, "우리는 이 마을에서 살고 있는 타지 성바지로 친척이 없어서 앞마을에 사신 오촌 당숙 아저씨 내외를 오시게 할 것이니 오후에는 전화를 할 참이다" 하면서 말문을 연다.

그리고 윗마을에 살고 있는 이장님과 앞뒷집 어른들도 오시게 할 계획으로 우선 앞집 아저씨인 옥당 양반에게 먼저 알리고 뒷집 순이네와 서너 집에 알리기 위해 전화로 초청을 하게 된다.

딸의 대화 가운데 유달리 옥당 노인의 고마운 인정 이야기에 들몰 댁은 새삼 소스라치게 전율이 엄습해 온 자신을 어찌할 바 몰라서 말머리를 달리하고 만다.

지난겨울부터 어쩌다 바람처럼 맺어진 인연으로 마치 전생의 끈으로 늦게나마 매듭지어진 옥당 양반과의 인연이 언제까지 이어질지 생각이 깊어지고 있다.

겨울이 가고 봄이 찾아오면 개나리꽃과 매화꽃이 계절을 맨 먼저 맞이하지만 이제 환갑이 넘어가고 있는 나이에 피는 꽃은 겨울에 피는 동백꽃이 아니던가.

현생에서의 인연의 끈이 한 매듭으로만 끝날 것이 불을 보듯 확실한데 후생에서까지 인연의 끈을 생각하면 지나친 탐욕이라 그것은 어쩌면 죄업이라고까지 마음을 다져본다.

단지 삼십여 년 동안 청상과부로 살아온 동안 누리지 못한 남녀간의 정분이나마 지금이면 만족하다는 생각으로 그 이상의 인연은 분에 넘치는 일이라 생각을 굳히고 있다. 구름처럼 구만리를 떠돌다가 한 줄기 바람으로 한데 뭉쳐진 옥당 노인과의 몰래한 만남이 그나마 감사할 따름이라 성황님께 빌어본다.

십여 명의 손님들과 풍성한 아침 밥상을 다 마치고 나서 모든 손님들이 돌아가고 난 뒤 하나뿐인 사위와 딸 내외가 친정어머니 들몰 댁과 옥당 노인에 관한 이야기를 꺼내고 있다. 어머니가 옥당 양반을 대하는 태도가 예전부터 남달리 보였음에 틀림없다. 아무 거리낌이 없고 혹덩이가 없는 두 사람의 처지로 보아 밝은 세상으로 나와 둘이의 정을 백주에 드러내 놓을 수 있는 결합을 바라는 욕심이 난 것이다. 황혼길에 선 홀어머니의 재혼을 바라고 있는 것이다.

어떻게 어머니의 의중을 물어볼 것인지가 고민거리로 실마리가 잡히지 않는 것이다. 이미 장모님의 마음이 옥당 노인으로 깊숙이 흐르고 있음을 딸 내외는 믿게 되었다. 그러나 옥당 노인의 깐깐하고 차가운 성미를 잘 알고 있는데 재산만을 모으는 천성이 부지런하고 욕심 또한 많은 노인에게 혹시 당신의 재물이 탐이 나서 접근했다는 오해가 있을까 크게 걱정이 되고 있다. 더구나 외지에 살고 있는 옥당 노인의 세 아들들이 어떤 반응을 보일 것인지 걱정이 뒤따르기에 도무지 실마리를 찾지 못하고 있는 형편이었다.

우선은 읍내에 사는 셋째 아들 내외를 만나서 서두를 꺼내 볼 방법이 제일 먼저라고 생각하고 딸 내외가 의견을 모았다.

평생을 모으고 아끼며 살아온 노인의 가치관이 변하길 바라는 들몰 댁 딸 내외의 걱정이 생기기 시작한다. 그러나 옥당 노인의 셋째 아들 부부는 크게 찬성하며 홀로 지내오신 아버지의 음식 수발이며 외로움을 일거에 해결할 수 있는 아버지 재혼을 마다하지 않고 적극 찬동하며 위로 형들과 의논하겠다는 대답이다.

옥당 노인의 아들 삼형제는 아버지의 재혼을 반대하지 않으나 현재 아버지의 재산을 유산으로 법적 상속을 먼저 마무리하자고 의견을 모았다. 아버지가 재혼을 하면 재산이 축날까 염려가 되어 들몰 댁에게 재산이 상속되는 것을 차단하기 위한 것이다. 유산의 상속은 통상 돌아가신 후에 이루어지는 것이 관례이지만 이들의 결정이 옥당 노인에게는 참으로 서운하고 괘씸하기 이를 데 없다.

옥당 노인의 생각이 깊어지기 시작한다. 홀로된 지 지금까지 삼십여 년 동안 아들 삼형제를 키우기 위해 앞만 보고 숨 가쁘게 살아온 자신의 모습이 서글퍼지기도 한다. 살아갈 날이 점점 줄어지는 이때 들몰 댁을 만나고 나서부터 묻어두었던 인간의 남녀 간 정이 싹트기 시작한 것이다. 여러 해 동안 먹고 자는 즐거움을 잊어버리고 오로지 지금까지 사고 모은 전답의 처분 문제가 가슴을 짓누르고 있는 것이다.

노인은 마침내 결심을 하고 객지의 아들들을 불러 모아 그동안 생각한 유산 문제를 매듭지으려 한다.

"지금 아버지의 전 재산은 이 집 한 채와 논 일만 평이다. 외지를 떠돌며 오백 평의 논으로 시작하여 오늘의 재산을 이룬 것이 전부이다. 너희 삼형제에게 각각 일천 평씩 분배하고 남은 일천 평은 들몰 댁에게, 주택 한 채는 장손자에게 물려주겠다."

폭탄 같은 아버지의 선언에 아무도 거역하지 않고 그렇게 유산의 처리는 매듭지어지고 만다.

옥당 노인과 들몰 댁의 재혼이 무사히 이루어지고 황혼길에 선 두 노인의 설레는 새 생활이 시작된 것이다. 지난 세월의 고통과 허망스러움은 눈 녹듯 사라져 버리고 넘쳐날 만큼 가득한 즐거움과 기쁨으로 시작되고 있는 나날을 감사하게 생각하기에 이른 것이다. 옥당 노인의 생활방식과 일상생활에도 조금씩 달라지기 시작하고 성격도 한결 부드러워졌다고 이웃들이 놀랜다.

마침내 남은 전답 육천여 평은 후진을 위해 장학기금으로 내어놓는 놀라운 기적을 낳았다. 그 기금 운영은 면장과 초등학교 교장과 마을 이장 등 세 사람으로 위촉되었으니, 옥당 노인의 팔십 평생을 아름답게 마무리하는 얼마나 빛나는 변화인가.

모두들 오래 칭송을 보내며 주민들의 뜻을 모아 그 고장에 공덕비가 세워지는 경사스런 사건이 일어난다. 특히 이웃들에게 대하는 태도 역시 점점 달라져서 인정을 베풀 줄 알고 남을 도와가며 아름다운 노년을 보내고 있다.

목소리

아침 일찍 전화로 반가운 목소리를 들었다. 고향 마을 한 동네에서 자라온 인척(姻戚)의 동생이지만 객지에서 친 혈육처럼 가깝게 지내온 터라 서로의 안부를 전하고 가족들 근황을 이야기하면서 형님 목소리에 너무 기분이 좋았다는 말을 끝으로 수화기를 놓았다.

지난 십여 년 전 몸이 부실하여 항상 맥 빠진 목소리로 지내던 시절에 얼마나 걱정과 염려가 쌓였으면 오늘의 밝고 힘 있는 대화가 그를 감동시켰을까 하고 생각해 보니 더욱 만감이 교차하여 고맙고 따스한 정감이 보내진다.

평생 건강한 신체를 타고나서 경찰관으로, 더욱이 강력계 반장 형사 생활로 평생을 몸 담아온 청렴하고 강직한 그의 인품을 항상 존경하고 사랑스럽게 생각해 온 터라, 내게 “이제 건강이 회복되어 예전의 모습을 갖추어 나가는 과정이 고맙고 안심이 된다”는 감격적인 표현에 과연 목소리에서 그 사람의 건강 상태와 생활 모습이 담겨지고 있음을 새삼 느끼게 되었다.

음성 분석학자들이 목소리의 진동과 파장의 길이에 따라 범인들의 진위 여부를 식별하고 가려내는 경우를 보아 왔으나 목소리의 크기와 강약에 따라 그 사람의 병력 여부와 건강상태를 구분하고 진단하는 경우는 과문해서 아직 들은 바가 없으니, 내 목소리를 듣고 예전과 비교되어 뚜렷하게 건강이 향상되고 있음을 알아차린 아우의 세심한 관찰과 판단에 찬사를 보내고 싶어졌다.

방송 아나운서들의 맑은 미성(美聲)의 목소리나 성악가들의 우렁찬 목소리 또한 선천적으로 타고난 유전자에 의한 성대를 바탕으로 반복된 발성 연습과 훈련에 의하여 고운 목소리로 사람들을 기쁘게 할 수 있다고 생각되나, 반대로 탁성(濁聲)으로 태어난 나 같은 경우는 특별한 교육이나 훈련이 없이 수십 년 동안 당연히 태생이 전부인 양 지내 버렸으니 설혹 성악을 전공했거나 가수의 길을 갔다면 발성 훈련으로 탁성이 미성의 목소리로 변화를 가져올 수 있었을까 하는 생각까지 해 보게 된다.

음량의 높고 낮음이나 호흡을 조절하는 능력은 변화되고 발전될 수 있을지언정 맑고 고운 부드러운 목소리의 대화를 할 수 있는 미성을 구비하는 일이 가능할까 의문시된다.

또 다른 목소리에 관한 빼놓을 수 없는 추억이 떠오른다. 작고하신 나의 선친의 애기 목소리다. 독한 한약의 후유증으로 성량이 가늘어져서 항상 큰소리로 힘을 주어 고음으로 대화하시던 모습이 눈에 선하다.

그러니 귀에 익은 아버지의 가늘고 높은 음의 목소리가 그립고 그리운 것으로, 굵고 무거운 다른 당숙부님들의 목소리보다 값지고 귀한 목소리로 아직도 내 가슴속에 남아있다.

중년 시절에 지방 방송국에서 생활경제 해설을 할 때 방송국에서 흐르는 내 탁한 목소리에 내용을 불문하고 실망했던 기억과 간혹 지방점포 직원들 교육으로 출장 강의할 때 확성기로 포장되어

들리는 굵고 부드럽게 들리는 목소리에 더욱 힘이 생기고 열의가 나서 집중하여 열심히 일을 해내었던 추억이 새롭게 떠오른다.

나의 사 남매 아이들의 전화 목소리를 구분하기 힘들어서 큰아이를 막내로 착각하고 한참을 이야기하다가 서로 웃고 한 일들이 자주 있었으니 성대의 모양과 소리의 강약이 형제간에 같은 유전자로 태어나고 있음을 알 수 있었다.

비록 낮은 음의 목소리도 강약이 분명 구분되고 발음이 선명할 때 곱고 맑은 소리가 듣는 사람에게 호감을 던져주는 효과는 그 사람의 얼굴의 생김새보다 훨씬 큰 위력으로 대인관계에 장점이 되고 있음을 느낄 수 있다.

최근 꾸준한 섭생으로 체력이 향상된 덕택으로 미성이 아닌 탁성이지만 건강한 육신에서 힘찬 목소리가 태어나고 있다 하니 감사하고 행복할 뿐이다.

파산선고(破産宣告)

자기 자신에게 "나는 후회하지 않는다. 단 한 번도 후회스러운 잘못을 저지르지 않았으니까"라고 가슴을 펴고 당당하게 말할 수 있는 사람이 과연 몇이나 될까.

그런 사람이 있다면 양심이 두꺼운 사람이거나 양심 불감증에 걸린 인간일 것이다. 내가 마음먹고 일생 동안 잘하고 잘못한 일들을 돌이켜 보며 숨김없이 적어보고 삶의 가치인 수지타산, 이해득실을 따져 손익계산을 해보았던 적이 있다. 아무리 기억을 더듬어 보아도 잘했다고 생각되는 일이 가뭄에 콩 나듯이 가끔 생각되어지고, 오히려 잘못했고 후회스러운 일들은 거미 궁둥이에서 연달아 실처럼 쏟아져 나온 일들 뿐이다. 어릴 적 부모에게 불효를 저지른 일에서부터 자식들에게 충분히 애정을 쏟지 못한 일이나 아내에게 제왕처럼 군림하며 존중하지 못한 일 등을 비롯해서 친구들이나 부하 동료 직원들에게 가슴 아프게 분노를 심어주었던 일까지 너무나 지을 수 없는 과오를 범하고 살아온 것이 후회스러울 뿐이다. 그 잘하고 잘못한 대차대조표를 만든다면 내 일생의 성적표는 파산선고를 받을 만큼 적자투성이요, 과오투성이라 기가 막혀 놀란 바 있다.

톨스토이는 잊어야 할 일들은 생각하지 말고 후회하지도 말라고 했다. 후회 없는 사람은 없기 때문이지만 나의 인생수지 계산상 후회스러운 마이너스 계량 수치로 보면 자본이 잠식되고 파산이 되어 아무리 증자를 하고 강도 높은 구조조정으로 기업 개선작업을 실시해도 가망이 보이지 않는 지경에 이르고 말았다. 차라리 할 수만 있다면 지금까지의 낡은 건물을 멸실시키고 새로운 이름으로 신축하고 새로 등기를 내어 신설 회사를 설립하고픈 심정이다.

그러나 사람의 일생을 허물고 다시 짓고 싶어도 물리적 변화가 어디 가능한가. 아무리 부수고 다시 짓고 싶어도 불가능한 일이기에 제2기의 인생살이라고 이름 붙이며 지낼 수밖에 없지 않은가. 후반부 인생에는 적자를 만회하고 파산선고 받은 인생을 회생시키고 싶은 생각이다.

지혜로운 사람은 애초부터 생이지지(生而知之)하여 나중에 후회스러운 일을 하지 않았겠으나 범부로 태어난 나는 학이지지(學而知之)하며 아무리 배우고 곤이지지(困而知之)하게 고생하며 애써 본들 그 잘못을 몸에 걸치며 수십 년을 살았으니 이제는 어쩔 도리 없이 어리석음을 스스로 엄숙하게 인정하고 받아들여야 할 것이다.

그러나 85세에도 수상 재선에 출마한 독일의 아데나워는 90세에 감기에 걸려 병석에 누우면서까지도 좀 더 좋은 일을 할 수 있도록 늙을 때까지 살게 해달라고 의사에게 간청하였으니 그분 또한 손익계산서상 흑자 부분을 더 크게 키우려는 본능 때문이었으리라 본다.

죄를 지으면 검사가 기소하고 판사가 형을 선고할 때 그 범죄의 크고 작음에 따라 유기징역이나 집행유예를 선고하게 되며 또는 무죄 방면하는 경우가 있는가 하면 범죄행위가 너무 파렴치하고 인륜에 반할 때는 중형인 무기징역이나 사형을 선고하듯이 내가 저지른 과오는 과연 몇 년 형벌이 주어져야 마땅하며 잘하고 잘못한 일을 손익계산하여 얼마만큼 손실과 파산에 영향을 주었는지 계량할 수 있는 일은 오로지 신만이 할 수 있으니 아직도 미궁 속에서 의문스럽고 답답할 뿐이다.

그러나 확실한 것은 손실 부분을 메워 갈 수 있는 기회가 지금 남아있다는 사실이다. 육신에 병이 생겨 소리가 잘 들리지 않거나 시력이 떨어져서 잘 보지 못할 때라면 병원에서 치료를 받고 수술해서 그 부분을 고칠 수 있으련만 마음의 병은 자기 마음으로만 다스릴 수 있으니 명약도 없고 명의도 없어서 유명한 병원을 찾을 길이 없게 된다.

도스토예프스키는 비밀결사대에 가담하여 러시아 황제의 암살계획을 꾸미다 발각되어 사형선고를 받게 되나 황제의 특사로 감형되어 시베리아로 유형을 가게 되었다. 그때의 소설 '백치(白痴)'에서 주인공의 입을 통해 그 심정을 이렇게 표현했다.

"이제 5분밖에 더 이상 살지 못한다면 만약에 죽지 않는다면 그리고 목숨을 건진다면 1분을 1백 년처럼 소중하게 여기고 잃은 것 없이 살겠다."

어느 것도 헛되이 낭비하지 않으며 살겠다고 독백을 한다. 그렇게 간절하게 하루를 소중하게 살겠다는 자신의 심정을 그의 소설작품을 통하여 그려 냈다.

일반적으로 사람은 항상 느리게 깨닫는다고 한다. 어렴풋이 깨우칠 때쯤에는 죽는다는 것이다. 철이 들 때쯤에 죽는다는 속담의 뜻이다. 그때야 비로소 다시 살 수만 있다면 보다 더 슬기롭게 살 수 있을 것 같다는 생각을 한다고 하나 이미 시간이 없다.

과연 내가 몰라서 잘못을 행하고 알고서도 잘못을 범했다고 해도 이제부터 철이 들고 깨달았으니 앞으로는 미련하고 어리석게는 살지 않을 것이라고 다짐할 일이 제일 먼저 갖추어야 할 과제가 아닌가. 인생의 파산선고를 받은 연후에서야 재기를 꿈꾸는 발판을 마련했다고 믿는다.

자기 동료 교수의 장례식에 참석한 어느 교수는 유명 목사의 감동적인 추도사를 들으며 생각했단다.

'정작 관 속에 들어있는 친구는 이토록 아름답고 훌륭한 추도사를 한마디도 들을 수가 없으니 어찌 할꼬 안타깝기 그지없다.'

그래서 집으로 돌아와 생전의 자기 장례식을 치르겠다는 마음을 먹고 그때부터 지인, 동창친구, 가족들에게 장례식을 거행하고 싶다는 편지를 보내고 장례일에 모두 모여서 생전의 추도사를 들으며 감동하여 눈물을 흘렸다고 한다.

그 일이 세상에 알려지고 난 뒤부터 그는 비참하고 후회스런 일들을 걷어내고 현명하게 죽기 전에 해야 할 일과 하고 싶은 일들을 적어 놓고 올바르게 살았다는 일본에서 생긴 일이다. 첫 번째 사업이 실패해서 파산되었다 해도 재기의 발판으로 맨바닥에서 과거의 경험과 지식을 토대로 다시 일으켜 세운 사업이 승승장구 번창하여 대기업을 이루어 내듯이 전반부에 실패한 삶이 후반부에는 향기롭고 번성한 일들로 가득한 아름다운 삶이 되리라 믿으며 오늘도 내일도 뚜벅뚜벅 걸어가고 있다.

노후를 여생으로 여기고 쇠약해지는 육신을 타성에 맡겨 버리고 포기해 버리기에는 아직 이르다고 타이른다.

인간은 공포 때문에 그리고 끝없는 욕망 때문에 불행해진다는 어느 철학자의 고백이 있듯이 그 고삐를 베어 버릴 수 있다면 축복이라 생각하여 설혹 새로운 비극과 희극을 경험할 수 있다 해도 강물처럼 계속 흐르고 있는 황혼의 길 위를 걸어야 한다. 겸손과 인내로 실천하고 절대로 남을 미워하거나 원망하지 말고 숨 쉬는 날까지 이어가야 한다.

걸과 속

이삼 일 전만 해도 초봄의 꽃샘추위가 봄을 시샘이라도 하듯 매서웠으니 봄이 왔는데도 봄이 봄같이 않다는 '춘래불사춘(春來不似春)'이라는 옛 시구절이 실감이 났었는데 오늘은 평년 기온으로 따뜻한 봄날씨로 집 안에 있기가 아까워 산책길을 나섰다. 마을 옆 홍제천을 따라 사람 키보다 두 배나 자라버린 개나리와 진달래의 관목 숲이 길옆 인도를 무성하게 메우고 서서 봄의 소식을 알리는 전령사답게 노란색, 분홍색 꽃들을 머리에 이고 활짝 피워 웃는 얼굴들을 쳐들고 나를 반기고 있으며, 지나가는 상춘객(賞春客)들에게도 반가운 인사를 건네고 있었다.

약 1km를 걸어서 인공 폭포 앞 조망대 쉼터에서 잠시 앉아 건너편 산등을 구경하면서 여유롭게 봄볕의 따스함을 즐기고 있었다.

산책로를 따라 개울 둑길 옆으로는 관상목 군락으로 개나리와 진달래 꽃길이 만들어졌으나 건너 안산에는 교목(蕎木)이나 아교목(亞蕎木), 태산목(泰山木)으로 숲이 조성되어 아카시아 군락과 벚꽃나무, 향나무, 소나무들이 어우러져 제법 울창한 산림을 이루었다.

계절이 바뀌고 해가 지날수록 산의 얼굴 모습이 변하고 색색으로 치장해 가며 변하고 있는 것이 인간들의 변해 가는 모습과도 닮이 가는 과정과 흡사하다고 생각된다. 지금의 봄철 산 모습은 어쩌면 젊은 여인의 화장한 얼굴 모습과 비슷한 것이 아닌가. 지난겨울 앙상하게 쭈그러진 얼굴이 어느덧 젊고 싱싱한 모습으로 탈바꿈되어서 수채화 물감을 뿌려놓은 곱고 아름다운 숲의 겉모양에 마음이 끌리고 있다.

겨울 내내 추위를 참으며 기다려 온 개나리와 진달래는 이미 봄을 만끽하며 얼굴에 웃음을 담고 있었으나 아카시아 나무는 가냘픈 가지 머리에 매달려 연두색 새싹을 머리 위에 이고 있으며, 키가 큰 소나무 아저씨들 틈에 섞여 꽃을 피울 때까지 한두 달 기다려 달라고 바람에 살랑대며 애교를 떨고 있는 듯했다. 고운 자태를 뽐내는 숲 속의 여인들을 좀 더 가까이서 구경하고 싶어서 징검 돌다리를 건너고 샛길을 따라 숲 속을 찾아 들어섰다.

그런데 어찌된 일인가. 개천 건너편 조망대에서 본 비단폭에 유화물감을 뿌려놓은 아름다움은 찾을 길 없고 눈앞에는 부러진 가지들과 썩어가는 통나무들이 여기저기 나뒹굴고 있으며 낙엽이 썩어가는 냄새가 코를 찌르니 풋풋한 향기로운 내음은 온데간데 없어 조금 전에 기대했던 고운 환상이 깨지고 말았다.

불과 십여 분 전에 상상했던 고운 자태의 겉모습하고는 너무도 다른 속모습이 아닌가. 이중인격(二重人格)을 지닌 기분 나쁜 사람을 만나는 기분이 들고 만다. 우리는 표리(表裏)가 한결같아야 한다고 배웠고 그렇게 노력해 가며 살아야 바르고 진실된 사람이라 말하지 않았는가.

남을 속이기 위해서 몸 색깔을 바꾸고 얼굴을 치장하는 행위는 파충류인 카멜레온의 변신술에서 자주 볼 수 있으나 이는 자기를 적으로부터 보호하고 방어하기 위한 변신이지 자기를 잘 보이고 남을 속이고자 하는 의도가 있는 것이 아니라 믿는다.

그러나 우리 인간들은 다르다. 얼굴을 곱게 화장하고 가꾸는 행위는 자신을 남에게 잘 보이고 나아가서 남의 호의를 얻고자 하는 목적이 있기 때문이나 속내 마음에 썩은 나무나 부러진 가지들을 품으며 겉으로 치장을 잘한들 누가 환영할 일이라 생각할 것인가.

오늘 아침 뉴스에서 어느 시민 단체가 국민 1,000명을 대상으로 '국회의원 하면 제일 먼저 생각나는 것이 어떤 것인가'에 대하여 설문 조사한바 제일 먼저 국회의원의 면책특권과 과다한 의원연봉과 연금이라고 했다.

요즘 19대 국회의원 보궐 선거전이 한창이어서 후보자들마다 얼굴 치장을 하고 유권자의 환심을 사고자 몸부림치고 있는 모습을 보면서 우리나라 국회의원들의 겉과 속이 너무도 다른 것을 매번 선거 때마다 들통이 나서 잘 알고 있는데도 그들의 치장된 공약과 달콤한 정책에 대해 이번만은 믿어 보고 싶은 심정으로 대부분의 유권자들이 일부나마 박수를 보내고 있다. 그들 입후보자들은 거짓말 잘하는 정치꾼으로 폄하를 받고 있는 자들이기도 하다.

의원들의 일터인 국회의사당 역시 겉보기에 좋은 웅장한 건물이나 속을 들여다보면 양심이 썩고 부러진 의원님들이 여기저기 흩어져 있어서 꼴불견을 내보이고 있다. 세계에서 으뜸 복지국가인 스위스의 정치 지도자들의 생활 모습과 그들의 권리의무며 그들의 연봉 급여와 연금 방식에 대해 초야의 시민인 나도 잘 알고 있는 일이건만 높으신 우리나라 국회의원님들은 아직도 귀를 닫고 눈을 감아버리고 있는지 안타깝기만 하다.

매 선거 때마다 국회의원 스스로 자신들의 권한 축소를 떠들고 급여와 회비를 삭감하자는 입법 발의를 하고 심의만 해 오신 분들이 언제 법을 만들어 실행하실는지, 겉으로 고고한 품위를 갖추신 만큼 안으로 양심 또한 바르고 담백하게 간직하시어 자랑스러운 정치가로 역사에 기록되어 주시기를 희망하는 마음 간절하다.

겉과 속이 다르면 천박스럽고 비겁하다고 하지요. 국민들과 후손들에게 부디 부끄러운 치부를 도려내 버리고 표리가 한결같은 깨끗한 도리를 다해 주시길 바라는 마음 간절하다. 훗날 역사에서 청렴결백한 정치가로 칭송되어야 하겠지요.

내게 변화가 오다

산책 50분과 배드민턴 21분, 등산 21분 각각 모두 칼로리 100이 소모되는 운동량이라고 하는 보건소 홍보용 광고지를 본 기억이 있다.

쉬고 걸으면서 산책만으로 하루 한 시간 정도로 체력을 유지하며 지병 관리를 해오던 몇 년 전만 해도 쾌변과 쾌식은 남의 일처럼 엄두도 못 내는 이야기였으나 벽돌을 쌓아 올리듯 시간을 늘리고 개천변에서 산으로 방향을 정하고 지내온 지가 어언 두 해가 되고 보니 마침내 일일 에너지 소모량이 300을 초과 달성해서 악성 변비가 물러가고 쾌식으로 식사량이 조금 늘어났으며 희미하게나마 체력이 보강되어 피곤함이 사라지는 느낌을 받는다.

소위 말하는 체력의 변화 조심이 일고 있는 자신이 대견하고 반가운 마음으로 하루를 더 알뜰하고 힘차고 보람 있게 지내려고 결심을 하게 된다.

그러나 아직도 숙면시간이 길지 못하여 두 시간 간격으로 화장실을 다녀야 하는 괴로움에서 벗어나지 못하고 있으니 조금 아쉬움뿐이나 그래도 오후 반나절에서 자리에 누워 쉬어야 하는 1시간이 사라지고 다른 일로 활용할 수 있으니 이 또한 생활의 시간 활용에 변화가 찾아왔다 할 수 있다.

내 체력의 바닥에서 차츰 일어서서 걷고 이제는 경보일지언정 배드민턴 운동까지 해내는 참으로 나만의 성공적인 변화의 과정이라 하겠다. 마치 봄을 알리는 전령인 미풍처럼 소리 없이 형체도 없이 은밀하게 품에 안겨 든다.

체력에 변화가 찾아온 절반의 성공에 이어 마음의 변화는 어떤 모습인지가 냉정하게 과거와 비교 분석해 보고 싶어진다.

천근만근 몸이 무거워 나른해지는 육신 때문에 눕고만 싶고 움직이는 것이 싫어져 먹는 것, 옷을 입고 벗는 일, 몸을 씻는 일조차 번거롭고 귀찮아지는 지경이 되면 몸에서 냄새가 나는 퇴락의 노인으로 전락하여 수렁에서 살게 되고 당연히 가족은 물론 친지까지 멀어져 가는 경험을 하게 되었다.

함께 노년을 곁에서 보내고 있는 아내에게 나아가 자식들에게까지 스스로 외소해지는 위축된 마음 때문에 매사가 피동적이었으며, 더욱이 언행은 비판의 대상으로 핀잔을 들으며 하루를 보내야 하는 고통에서 절망하고 삶의 의미와 목적이 퇴락해 버려 날이 늘어남에 따라 갈수록 포기하는 희망 없는 시간들이 눈뭉치처럼 커져만 갔다. 급기야 모기똥만큼이나 사소하고 어처구니없는 일 때문에 가족들의 마음에 핵폭탄을 터뜨리는 천재지변의 사건이 발생하게 되었으며 비극적인 가정의 사형선고와 다를 바 없는 수렁 일보 직전까지 가는 참상을 겪기도 한 바 있었다.

이제 체력이 보강되고 여유로워지는 시간 활용 때문에 스스로 참아내는 힘이 생겨나고 더불어 상대를 배려하고 이해하려는 마음이 싹트기 시작했다. 날이 갈수록 차츰 변화하는 나를 이해하려는 가족들의 마음, 특히 아내의 마음을 얻어내기 시작했으니 더 이상 갈망하는 욕심이 없어지고 그릇에 물이 반이 남아있는 물컵을 바라보며 아직도 물이 반이나 있어서 만족한다는 쉬운 진리를 몸소 깨우쳐 살아가고 있다. 멀리 떨어져 사는 가족들의 성원과 격려까지 보태지고 있어서 늦은 날의 행복을 느끼며 지내고 있으니 변화라는 신기루가 서서히 다가오고 있다 하겠다. 허브 향을 맡은 것처럼 가슴이 환해진다.

인생살이에 지친 나그네의 육신에 사랑의 불씨를 지펴주며 마음의 바다에 살랑거리는 물결을 일으키는 미풍인 것이다.

| 후기 |

비옥한 땅은 아니지만 집 앞마당 한쪽을 깊게 갈아서 상추며 고추, 들깨, 호박, 팥을 심고 씨앗을 뿌려 파종을 하고 가뭄에는 물을 뿌리고 퇴비를 주어 가며 지난 새봄부터 정성을 쏟았습니다.

가꾸고 길러서 여름이 가고 가을이 되면서부터 주는 만큼 돌려받는 자연의 정직한 섭리에 감동하면서 우리 두 부부의 식탁에서 그 고마움이 나타나 비록 쌀농사도 아니고 보리농사도 아니며 귀한 약초가 아니어도 몸에 이로운 힐링 식품이 되어 입을 즐겁게 해주고 있습니다.

지난 몇 해 동안 집안 농사로 비록 소꿉장난처럼 규모가 작지만 수확의 기쁨을 맛보며 지내왔으니 마치 이번의 3집 출판에서도 느끼는 감동이 그와 비슷하지 않을까 싶습니다.

그동안 원고 입력 작업에 애써 준 아내 김양자 님과 원고 교정 작업과 편집에 도움을 주신 한솜미디어 출판사 직원분들과 대표님께 감사를 드립니다.

홍은동 우거에서
지은이 조 돈